ふたりは同時に親になる

産後の「ずれ」の処方箋

狩野さやか

猿江商會

もくじ

【第2章】

産後のママのリアル 37

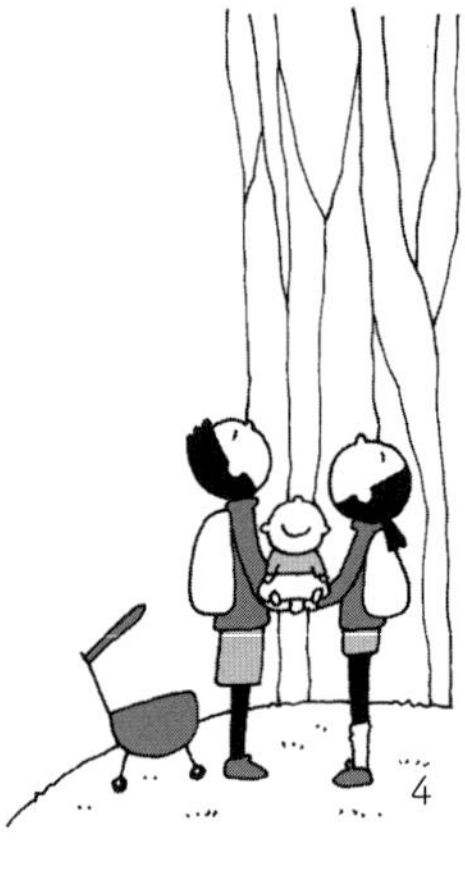

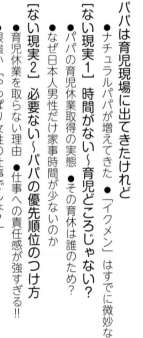

【第4章】

ふたりは同時に親になる① 育児初年度の「傾向と対策」 131

【第5章】

ふたりは同時に親になる② 自分たちのスタイル構築

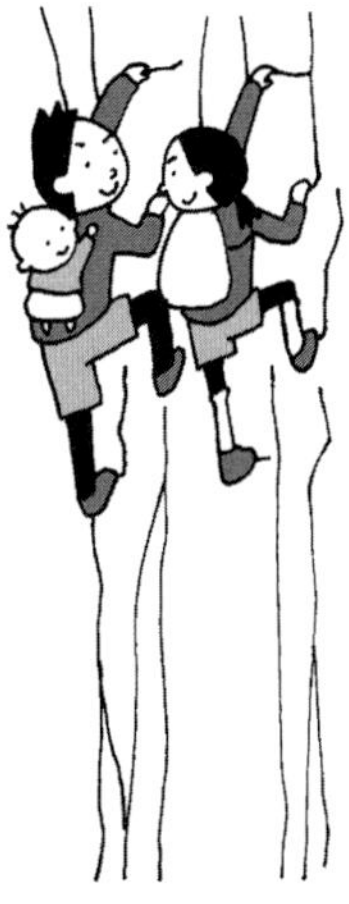

はじめに

「子どものことはどうにでもなる、悩みのほとんどは夫のこと……」子育てをスタートしたママたちの間に、そんな声があることを知っていますか？

街で見かける赤ちゃん連れのパパとママは、笑顔に満ちていますが、ふとした瞬間に厳しい空気をまとうこともあります。ママのあきれ顔やため息、それを受け止めるパパのあきらめや反発の表情。そういう時のママとパパはそれぞれ怒っているようでいて、でも同時に、どちらもどこか寂しそうで孤独な感じがします。

子どもを授かり、同時に親になったはずのふたりは、いったいどこでずれてしまったのでしょうか。ママの伝えたい思いはパパに通じず、パパの努力はママに響かず、ふたりのエネルギーは届かない方向に放たれています。

一方、世の中では、保育園の待機児童の問題や男性の育児休業取得率、働き方改革などが社会問題として取り上げられるようになり、社会システムを整備すべきとの声はどんどん大きくなっています。それらはたしかに重要で厳しく扱われるべき問題であり、声を上げて改善に動く人のことを私は支持します。

でも、その「大きな社会の問題」は、どこか、あのママとパパの堅い表情とは遠いところにあるような気がするのです。保活をクリアしてパパの育休が当たり前になり、NO残業デーが設定されたからといって、ふたりが「問題は解決した！」と祝杯をあげ笑顔になるようには到底思えません。社会システムが変わっただけで簡単に解決するほど、まだ個人の心は変化に追いついていないのです。そもそも保活の壁にぶつかっていない人だって、パパの帰りがさほど遅くない人だって、産後多くの夫婦が「ずれ」を感じて困惑しているのですから。

「大きな社会問題」では語れない、もっと小さな家の中、狭い部屋の一室で、問題は起きています。

話は少しさかのぼって5年ほど前、私は『MAMApicks』というウェブ媒体で「妻の不機嫌ループ〜困惑する夫たちに捧ぐ〜」というコラムを書きました。それは、夫婦の間にある微妙な温度差、それにイラっとする妻の側の「小さな気持ちのカラクリ」について書いたものです。当時は「産後クライシス」という言葉も知らず、ただ、経験から思うことを必死に紡《つむ》ぎ出したものでした。

内心、こんな「気持ちのカラクリ」なんてもの、読者からは「そんなことより保育園でしょ！」と一蹴されるかもしれない、という覚悟もしていましたが、予想に反し大きな反響を呼びました。それに驚き、同時に、こんなに小さなもやもやを多くの人が同じように感じているならば、これも十分「社会問題」だ、と気づいたのです。

それは小さな家庭の中の「個人的問題」として処理されるべきものではありません。そこには誰もがぶつかる共通の法則があって、何か共通する解決の糸口があるはずです。そこで、産後の夫婦に関連するいろいろなデータや書籍に目を通し、人に話を聞き、アイディアを固め、「patomato〜ふたりは同時に親になる」を立ち上げワークショップを始めました。

そこでリアルに耳にするママやパパの困りごとの多くは、社会システムに対する怒りではなくもっとうんと手前、小さな家の中の目の前のパートナーとの小さなやり取りの中にあります。

この本は、まず第一に、パパたちにママの産後のリアルをどうしたら伝えられるだろう、どうしたら危機感を持って受け止めてもらえるだろう、ということを考え抜いて作りました。もしかするとパパには少し重く、時にはうるさい！　と感じるところもあるかもしれませんが、パパを責めているわけではなく、ママの不機嫌のカラクリやしんどさの理由を知って、アプローチを変えるヒントにして欲しいという思いで綴っています。

そして、ワークショップや個別のインタビューから得た生の声、各種統計や社会調査のデータを交えて、ママ自身も変われたらいいこと、子育てスタート期のパパの原則、パパとママの好バランスの法則など、夫婦ふたりの間のずれを補正するための材料を提示しています。

パパとママのどちらが読んでも共感できる場所もあれば、ちょっとチクリと痛みを感じるところもあるかもしれません。ぜひ、ふたりで読んで、「ふたりで同時に親になる」ツールとして利用してください。

なお、本書は、共働き夫婦だけを対象にしているわけではありません。働いているかどうかにかかわらず「産後の女性」というくくりで見ていきます。「ワーキングマザー」というラベルで語られる理屈の中には、「私も稼いでいるんだから、あなたも家事をするのは当然」「収入額に応じて家事負担も同等に」というものもあります。もちろんそれらはもっともな考え方ではありますが、同時に、「稼いでいない」女性の立場を低くし、発言力を奪うことにもつながってしまいます。そして男性の「うちの妻は今働いてないんだからいいんじゃない？」とか「じゃあ妻が復職する時にやればいいよね」という主張をも肯定することになってしまいます。

外で働くか、家で育児・家事をやるか、そうした二項対立から離れない限り、問題の多くはパパの耳を素通りしてしまい、産後のママの苦しみは解決しません。くっきり分けてどっちを取るか？ではなく、区切りようのないグラデーションの部分そのものを受け入れ、とらえる必要があると考えています。


「大きな社会」を誰かが変えてくれるのを待っていたら、産後はあっという間に過ぎ、子どもは大きくなってしまいます。そして、夫婦の間のずれは補正されることなく、取り返しのつかない溝だけが残ってしまいかねません。

家庭の中という「小さな社会」を自分たちの手で変えていくことが、そこにつながる「大きな社会」を変えることにもつながるはずです。今できること、すぐに手をつけられる小さな一歩から始めていきましょう！

第1章

育児の現場、イメージと違う！

夫婦ふたりの生活に小さな家族が増えるとわかった時、みなさんはどんなシーンを想像したでしょうか？　そのイメージを裏切るかのような厳しいシーンが育児の現場にはあふれています。笑顔のかわりに、ママたちの険しい表情とパパたちの困惑した表情が浮かぶ、そんな厳しい現実を見てみましょう。

「あったかファミリー」像は幻影だった

ふたり暮らしの頃に思い描いていたイメージと、実際に育児がスタートしてから直面するシーンには様々なギャップがあります。パパとママの関係はどのように変化してしまうのでしょうか。厳しい現実に、パパもママもそれぞれ別の方向から困惑しています。

オムツのCMは嘘だった

ママとパパの笑顔の間にご機嫌な赤ちゃん。ハイハイして向かう赤ちゃんを受け止める笑顔のふたり……。これはオムツのCMなどによく見られる典型的な育児の一場面です。赤ちゃんが生まれる前に多くの人がイメージしていた子育ては、こんなふわりとした光景だったでしょう。あたたかくて、やわらかくて、楽しくて、そして何よりも生き生きしたワンシーンに、産前の夫婦は間もなく迎える赤ちゃんとの新しい生活をイメージします。

ところが、実際に新生児の育児が始まって直面するのは、これとは正反対の光景。

ママは絶え間ない授乳で身ぎれいにする余裕もなく、慢性的に疲労が蓄積し、家事をする間もなく部屋は散らかり放題に。パパは、笑顔でいっぱいのママと赤ちゃんが「お帰りなさい！　お疲れさま！」と迎えてくれることを期待しているものの、仕事をがんばって帰宅すると、そこに待っているのは疲れたママの顔と荒れた部屋……。

そしてパパはついこんなことを言ってしまいます。

「ずっと家にいるんだからもうちょっと片付かないかな」

「せっかくの育児なんだから、もっと楽しめばいいのに」

「そんな顔してたら赤ちゃんによくないよ」

それを聞いたママはそんなパパに幻滅し、孤独を深めてしまいます。

「ああ、この人は何もわかってくれていない」

「私がひとりでがんばるしかないのか」

ママの表情は硬くなり、部屋中にあふれる停滞した空気は、あのオムツのＣＭとはあまりにも違います。笑顔のあふれる家庭をイメージしていたはずのふたりの間に、なぜこんな溝ができてしまうのでしょうか？

どうやらママの見ている世界とパパが見ている世界には、同じ部屋にいながらも、大きな隔たりがあるようです。

愛情が深まると思っていたのに

夫婦ふたり暮らしの頃というのは、仕事とプライベートの両立に悩むことはあっても、ふたりで趣味や遊びの時間を楽しんだり、お互い率直に「好き」だという気持ちを向ける余裕があるものです。そして、子どもが生まれる前の夫婦は、当然産後も、そんなふうにふたりの時間が続き、そこに「子ども」という新しい要素が加わるだけ、というイメージを持っています。

実際、私が主催するワークショップでも、ママたちからこんな声を聞きます。

「子どもが生まれたらますますラブラブになると思っていた」

「ふたりの時間も大切にして『子どもばっかり』ではない夫婦でいたいと思っていた」

大人同士の生活や関係を守りつつ、子どもに対しても感情的になることなく向き合う……そんな「理想的な親」の姿を、多くの産前の夫婦は自分たちの生活の延長線上に思い描いていました。「産前」と「産後」には同じ時間が流れているという前提があるからこそ持てるイメージです。

ところがこうした理想像は、実際の育児が始まるともろくも崩れ去っていきます。ふたりの生活の延長線上にあると思っていた育児の世界はまるで異空間。特に育児にメインで取りかかるママの周りで流れる時間や空気は、「産前」と「産後」でまったく別のものに変わります。

一方で、パパを取りまく時間の流れや空気は、「産後」もママほど大きくは変わりません。このふたりの変化の幅の「ずれ」は、ママの気持ちに大きな変化をもたらします。ママが自分でもびっくりするほどのイライラの始まりです。

まさかパパにイライラするなんて！

「夫にストレスを感じることが多くなった」

「パパは自分のことしかしない！」

「期待は、もはやほぼゼロへ……」

「やってもらいたいことがあるのに、こっちの希望が全然伝わらない」

「夫はとりあえず子どもの次。いなくてももういいや！」

「夫をきらいになるなんて思ってもみなかった」

　パパにはちょっとつらい言葉が並びますが、いずれもママたちのリアルな声です。けっして、もともと夫婦仲が悪かったというみなさんではありません。**出産前は、「夫といると楽しい」と、素直に夫への愛情も感じ、ふたりの時間を楽しむ関係だったのに、育児が始まってからは、こんな正反対の感情を抱くようになってしまったのです。**

「うちは大丈夫だよね」そう言い合っていた夫婦でさえ、いざ育児が始まってみるとこんな変化を経験しています。「まさか自分たちがこうなるなんて……」パパもママも、それぞれ別の方向からそんな自分たちに困惑しているのです。こんなにもふたりの関係を変えてしまうママのイライラや不機嫌は、いったいどこから生まれてくるのでしょうか。そこには多くの人に共通する法則や原因があるようです。

トゲトゲシーンを生む5つのスイッチ

町中で目にする「家族の光景」には、絵にかいたような心あたたまるシーンもあれば、はた目にもママのピリピリ感が伝わってくるシーンもあります。一家団らんの楽しいひと時と、緊張感に包まれたとげとげしい場面の違いは、いったい何が原因で生まれてくるのでしょうか。

不機嫌スイッチON

昼下がりのファストフード店。お店の一角では3歳くらいのお嬢さんとママがとても和やかな時間を過ごしています。食事も済んで、少しゆったりとした様子です。そこに、しばらくしてパパが現れました。その途端に、ママの表情と声色がすっと変わります。

「ねぇ、どうしてメールを送ってからこんなに時間がかかるわけ。お昼食べたら交代って言ってたよね」

もはや、さっきまでのやさしげなママと同じ人とは思えないモードチェンジです。

「メールの文面ではすぐに来てという意味だとはわからなかったよ」

パパは、ママの怒りを吸収するかのように、どこかあきらめ顔でこう返します。

子どもとふたりきりならやさしいママでいられるのに、パパが現れた途端、条件反射的に「不機嫌スイッチ」が入ってしまう。こんな現象は、あちこちで発生しています。

パパにしてみれば、「たかだか5分、10分遅れただけで」ということかもしれませんが、幼い子どもの生活リズムに合わせて日常を過ごすママにとっての「5分、10分」はかなりシビアなものです。きっとそうしたちょっとした感覚のずれが、日々すでに積み重なっていて、**ママの中でパパに対する「わかってもらえない感」がつのっていたのでしょう。もしそこでパパに笑顔を返してしまったら、なんだか「わかっていないパパ」を許したことになってしまうようでどうにも気持ちが治まらず、「いい感じ」にふるまえないのです。こうしてママの「不機嫌スイッチ」が入ります。**

怒りスイッチON

乳幼児を遊ばせる公共スペースで、何組かの母子にまざって、赤ちゃん連れの夫婦が過ごしています。公園や遊び場で、「誰かのパパ」というのは小さい子たちの「遊びの標的」になりやすく、遊んでくれそうな匂いを感じると子どもたちはワッと寄っていくもの。そのパパも、周囲のちょっと大きな子たちに「遊ぼう」とせがまれて、そちらの相手をするばかりになってしまいました。自分たちの赤ちゃんはまだよちよち歩きで、結局ママだけが遊び相手をすることに。

そんな時間がしばらく続き、パパはなかなか子どもたちから解放してもらえません。ついにママがため込んでいたパパへの不満が限界までふくれ上がりました。ママの動作のひとつひとつが荒っぽくなり、「もういい加減にしてよ！」「そっちじゃなくて、自分の子どもと遊んでよ！」と、うつむきながら小さく言い捨てているのがわかります。きっと、普段からママ中心で育児をしていて、やっと迎えた休みの日なのでしょう。やっとパパに子どもの遊び相手をしてもらえる、やっと夫婦いっしょに我が子の成長を確認しながら遊べる、そう思っていたのに……。それなのに、なんでよその子どもの相手なんかしてるの！うちの中のことなんて何もしないくせに、外でだけはいい顔して!!　そんな心の中の怒りが聞こえてくるようでした。

事情を知らない第三者からすれば、パパがよその子どもたちの相手をして遊んでいる光景の何が問題なの？　このママ、心が狭すぎない？　と感じるかもしれません。また、パパにしてみれば、小さな子どもにせがまれて断りづらいし、しかたないのなんて見ていたらわかるのに、なんで急に怒り出すんだ？　という程度にしか思えないかもしれません。

でも、それは違うのです。ママは赤ちゃんと向き合うだけの生活にいっぱいいっぱいで、**「やっと」訪れた休日の意味合いが、パパとは全然違います。「パパが育児を代わって**

くれる」、少なくとも「いっしょに負担をしてくれる」であろう機会があっけなく奪われ、そのママの痛みにパパが気づいてくれないことに半ば絶望し、「怒りスイッチ」が入ってしまったのです。

指示出しスイッチON

週末のショッピングモール。乳幼児がゆったり過ごせるスペースで、赤ちゃんの様子を見守る夫婦がいます。にこやかにやわらかい雰囲気だったのですが、そこから移動を始めようとする時になって、急にママの表情から笑みが消えました。

「ちょっとそのカバンの中のタオル取って。右のポケットに入ってる、そうそう。それから靴はかせて、ベビーカーの下に入れてあるから。それと、上着とこのカバンお願いね。こっちは私が持つから」と、終始無表情でパパに向かって事務的な指示を出していきます。

言葉のはしばしからは、「言わないとわからないんだから、もうっ。それならせめて言う通りに動いてよ！」というパパへのイライラがあふれ、パパはパパで、なるべくことを荒立てないように、無表情でその指示にしたがいます。

おそらくこのパパは、「なんでこんなに苛立っているんだろう。もっとアバウトでよさそうなものなのに」と不思議に思っていることでしょう。

ですが、こうした細かさは、赤ちゃんを連れて外出するママにとっては実は「ふつうのレベル」なのです。コントロール不能な赤ちゃんに日々悩まされているママは、周囲に細かく気を遣い、赤ちゃんの機嫌とリズムを常に気にかけ、何手も先まで読んで万全の構えを取っておく習慣が身についてしまっています。ましてや、授乳やオムツの交換などに制約のある外出先では、ある意味常に戦闘状態といってもいいくらい気を張っています。

それに比べて、赤ちゃんとの外出にも不慣れなパパは、細かいことにはなかなか気が回りません。たとえ子どもが泣いても、「その時に対処を考えればいい」くらいにのんびりと構えているように見えてしまうのです。

外出先で全方位にアンテナを立てて戦闘モードに入っているママにとっては、パパのこの悠長さが許せないものに思えてしまいます。そして、何が必要でどう動けばいいのかを自分から考えようとしないパパに対するイライラを抑えるかのように、ママは弾丸のような「指示出しスイッチ」をオンにしてしまうわけです。

無言スイッチON

デパートのおもちゃ売り場で、おばあちゃんが子どもにおもちゃを買ってあげようとしています。付き添っているパパの様子から察するに、どうやらパパ側のおばあちゃんのようです。

ママはちょっと離れたところで空のベビーカーの番をしながら、なんだか怒っているような、涙ぐんでいるようなこわばった顔をしています。おばあちゃんたちの和気あいあいとした空気から必死に離れようとしているようです。

ああきっと、むやみにおもちゃを買ってほしくないんだな。子どもに何でも簡単に手に入ると思わせたり、与え過ぎになるのは嫌なんだな。贅沢させたくないんだな……。

子どもと日常をともにしているママにとって、子どものしつけや教育は、自分の責任のひとつでもあるという意識があります。成長の段階に応じて必要なルールを身につけさせたいと思っているでしょう。何でも思い通りにはならないこと、時には我慢すること。ママたちは、そうしたことを日々の小さなやり取りの中で子どもに教えようとしています。

現実には、たいてい何をどう言っても泣いてぐずられるのですが、それでも「お菓子は今はこれだけだよ」「もう公園から帰る時間だよ」と必死にやさしく言い聞かせ、静かに戦っているのが、ママの毎日なのです。

そんなママにとって、おばあちゃんの、「何でもいいから買ってあげるよ」なんて言葉はなかなか微妙なものがあります。「毎日の私の苦労はいったい何なんだろう」と感じながらも、「かといっておばあちゃんが買ってあげたいという気持ちを断るわけにもいかかないし……」。そんな相反する気持ちを抱えてひとり困惑して、現場から離れたくなるのも無理はありません。

その複雑な気持ちを何とか整理しようとしているところに追い打ちをかけるのが、「**たまにはいいじゃないか、好きなもの買ってもらいな**」という無邪気なパパのひと言。「**たまに」の背後にある日々の積み重ねが他ならぬパパに軽んじられることは、ママにはとてもつらく、くやしく思えてしまうのです。**

そして、「おばあちゃんに買ってもらっちゃおう！」と盛り上がるみんなの陰で、ママは静かに「無言スイッチ」をオンにします。

規制スイッチON

夜の9時前、仕事で疲れたパパが帰宅しました。少しでも子どもとの時間を過ごそう！　子どもの笑顔で仕事の疲れも吹き飛ぶ！　とばかりに、我が子を抱きかかえるパパ。もちろん赤ちゃんも大喜びです。

するとママが、険しい顔でため息をつきます。「ごめん、本当に申し訳ないんだけど、8時半から9時の間には帰ってこないでもらえる？　この子が寝なくなるから。もっと早く帰ってくるか、いっそもっと遅く、寝かしたあとに帰ってきてもらえないかな……」そう、時間指定の帰宅禁止令です。

パパにしてみれば、疲れて帰って邪魔にされるってどういうこと？　子どもの相手をして嫌がられるって何なの？　そんな気持ちでしょう。あるいは、子どもを寝かすなんて、そんな簡単なことにどうしてそこまで神経質になるの？　とも思うかもしれません。

でも、子どもを「寝かしつける」というのは、想像以上に神経を使い、かつ、かなり手こずるステップなのです。

もしママが、赤ちゃんがスムーズに眠りにつけるよう、毎晩きちんとパターンを決めて習慣化させようと必死に努力していたとしたら……。あと一歩のところでパパが帰宅してしまうことで、赤ちゃんが興奮してしまい、そこまでの努力が無駄になってしまいます。

早く帰ってくるという「イレギュラー」は、パパにとってはうれしい事態でも、ようやく習慣化させた寝かしつけのパターンが壊されるママにとっては、全然うれしくない「アクシデント」になっていることもあるのです。

特に乳児期の赤ちゃんは授乳の時間が頻繁で不規則なこともあり、ママは慢性的な睡眠不足状態。早く帰ってきたパパが寝かしつけまでやってくれるならありがたいけれど、そうでないなら、せっかく早く帰ってきたパパの善意も、単なる無神経にしか感じられなくなってしまいます。こんなことでイライラしてしまうくらいなら、いっそ早い時間に帰るのをやめてもらった方が、お互いのためにいい。そんなふうに思ってもおかしくありません。

ママにとっては、子どもの寝かしつけを最優先する時間帯があって、そこにかなりの神経を使っています。そして、そのためにはこんな「規制スイッチ」をオンせざるをえないのです。

育児の現場を目撃していないパパからは想像がつかないかもしれませんが、こんな「些《さ》細《い》なこと」に必死にならなければいけないほど、細やかでかつ単調な毎日が、育児をスタートしたママのリアルな日常なのです。

ちょっと怖い数字

こんなふうにちょっとつらそうで不機嫌なママの姿、意外に感じるでしょうか。「自分はこういうママにはならない自信がある」「いやいや、ぼくの妻にはそんなことは起きないよ」と思う人も多いでしょう。でも本当にこれらは他人事なのか、ここで、産後にまつわるちょっとどきっとするような数字をご紹介したいと思います。

マタニティブルーズと産後うつ病

「マタニティーブルーズ」というのは、出産にともなう急激なホルモンバランスの変化が主な原因と考えられる一時的な気分の変動です。涙が出たり不安になったりといった症状が、出産後2日から2週間くらいの間に起き自然に治まるとされていて、約30％の人が経験するという報告があります。

「産後うつ病」は、出産後1～2週間から数ヶ月頃に発症するとされる、産後に特徴的なうつ病です。育児への不安や自信喪失、憂うつ、涙が出る、気力が出ない、眠れない、食欲がない、等の症状が長期間続く場合に産後うつ病が疑われます。マタニティーブルーズとは違い、ホルモンバランスの問題だけでなく、環境の変化や既往症など様々な背景があ

産後女性の多くが直面している不安定な状態

マタニティブルーズ

出典：平成6年度厚生省心身障害研究「妊産婦の精神面支援とその効果に関する研究」（中野仁雄）

産後うつ病疑い

出典：厚生労働省「『健やか親子21』最終評価　参考資料集」
（平成25年の発生率。EPDSで9点以上だった人を産後うつ病疑いと判定）

産後うつだったかもと思う時期がある

出典：ベビカム「『産後うつ』について」（市川香織）
（2016年実施ベビカム会員へのアンケート調査。有効回答数477）

るとされています。

厚生労働省「健やか親子21」計画の最終評価資料によれば、「産後うつ病疑い」の発生率は、平成25年で9・0％でした。実際に受診にまでいたり診断がついたケースがどれくらいなのかはわかりませんが、少なくともこれだけの割合のママが、スクリーニング検査で「産後うつ病疑い」と判定されています。

また、育児情報サイトが行ったアンケート調査では、「産後1年くらいの間に自分が「産後うつ」だったかもしれないと思う時期があったか」という問いに「産後うつと診断されてはいないが自分でそうだったかもと思う時期がある」と答えた人が46・8%、実際に「産後うつと診断された」人が1・3%いたと報告されています。主観的な回答とはいえ、半数近くの人がそんな気持ちだったと振り返っているわけです。

ここでちょっとイメージしてみてください。**出産後間もなく10人に3人がマタニティーブルーズを経験し、数ヶ月の間に10人に1人弱が「産後うつ病の疑いあり」と判定されていて、1年ほどの間に10人に4〜5人が「自分は産後うつだったかも」という状況に陥っているわけです。これらの数字を見ると、ママの不安定な状態はけっして他人事でも、特定のママだけの問題でもありません。**（P29図）

パパがまったく気づかないところでママがひとりで耐えているとしたら……。それに気づかず放置してしまったらふたりの信頼関係が崩れるのは当然といえば当然です。誰にでも起こることだからと軽視するのは危険です。これだけの割合で起こるのだから十分に注意して、早い時期からていねいにケアする必要があると意識してください。

いったいママたちの産後の何がそんなに大変でこんな事態になっているのか、第2章以降でじっくり見ていきましょう。

愛情とねぎらいの心はどこへ

「夫をきらいになるとは思わなかった」。これは先ほども紹介したリアルなママの声ですが、「興味がなくなる」と「きらいになる」というのではだいぶトーンが違います。

産後、ママのパパへの愛情が下がってしまう現象を、「赤ちゃんがかわいすぎて、夫よりも赤ちゃんに愛情が向いてしまうから」と、考える男性もいるかもしれません。でも、現場のママの感覚は、実はそれとはまったく違います。夫への「愛情が少なくなる」というよりも、「信頼感を喪失」してしまっているのです。当然、信頼していない夫に笑いかけたり、触れたりしたいとは思えないわけで、そのうち「敵」にすら思えてきてしまうこともあります。このように、出産後の「愛情の下落」は、もっと深刻な仕組みになっているのです。

「産後クライシス」という言葉を作ったNHKの『朝イチ』がもとになった書籍『産後クライシス』（内田明香、坪井健人著／ポプラ新書）によると、2011年に発表されたあるデータがNHKのニュースで放送され、大きな反響があったと言います。それは夫婦間で愛情を感じる人の割合が、子どもの年齢変化とともに減っていくことを表すものでした。

（P32グラフ）

ベネッセ教育総合研究所によるこの調査は、同一夫婦を対象とした4年間の追跡調査で

結婚生活と愛情を肯定する人の割合が減る

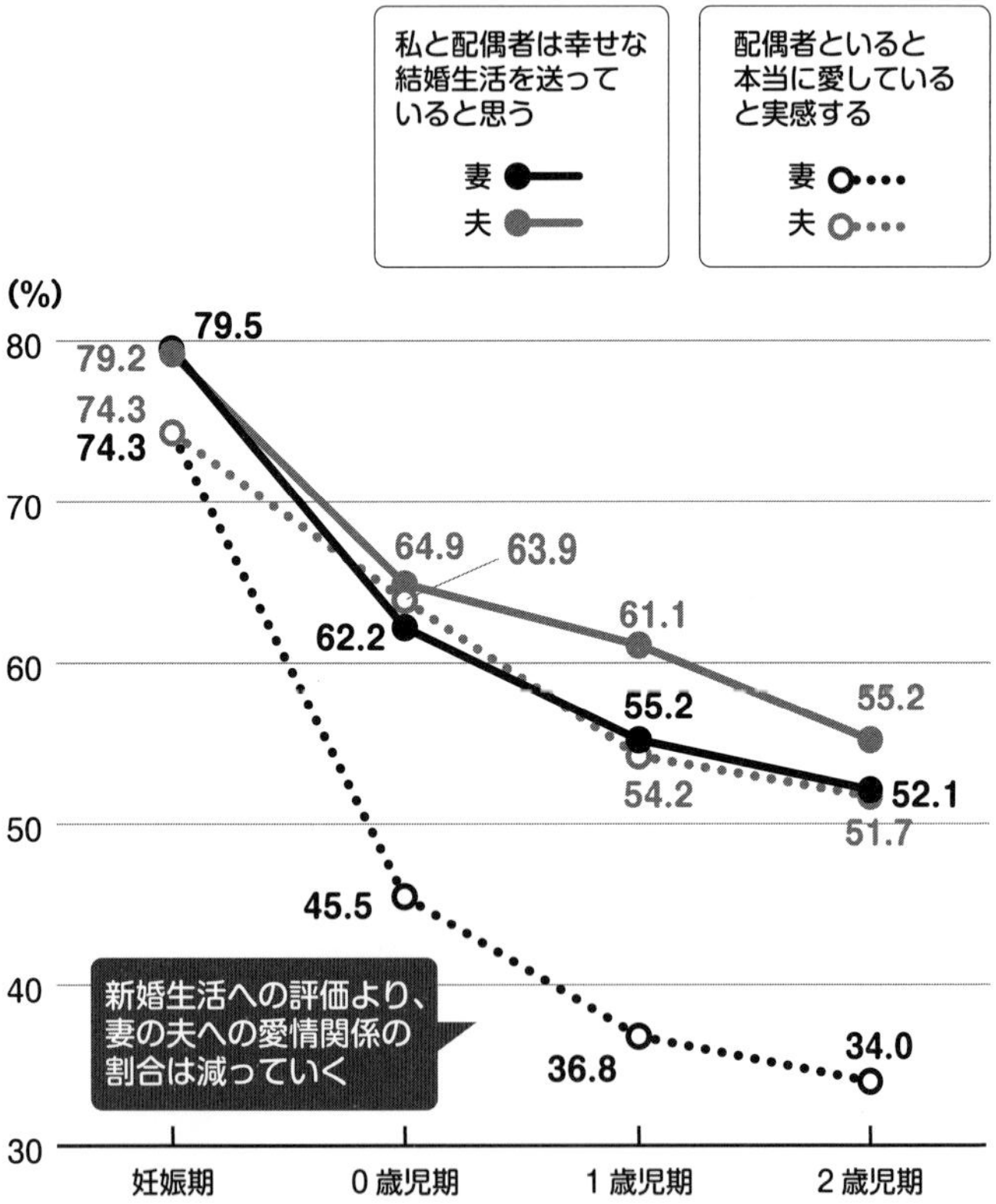

出典：ベネッセ教育総合研究所
「第１回　妊娠出産子育て基本調査・フォローアップ調査（妊娠期〜2 歳児期）速報版」2011 年

す。グラフを見ると「幸せな結婚生活を送っていると思う」や「本当に愛していると実感する」と感じている人の割合が、年を追うごとに著しく下がっていくのがわかります。特に「妻」の妊娠前と0歳児期の「本当に愛していると実感する」の下がり方の激しさに注目してください。いかに出産後1年目に大きく気持ちが変わるママが多いのかがわかります。

「夫」の方の値も、「妻」の変化を追いかけるように下がってしまいますが、それは、ママの態度が先に変わり、それに応じるようにパパの気持ちが変化しているようにも見えます。

同じ調査の中に、「配偶者の仕事や家事をねぎらう」という設問があるので、こちらも見てみましょう。（P34グラフ）

こちらも年を追うごとに肯定する人の割合がどんどん下がっていきます。相手が自分のことをねぎらってくれている、と思う人の割合は「妻」も「夫」もはっきり下がっていき、どちらもパートナーに認められている実感を持てる人の割合がどんどん少なくなってしまっていることがわかります。

次に、自分はパートナーをねぎらっているかという自己評価の方を見てみると、**夫をねぎらっていると肯定する「妻」の割合は、産後1年目にがくりと下がります。「夫」をね**

互いをねぎらう実感を持つ人の割合が減る

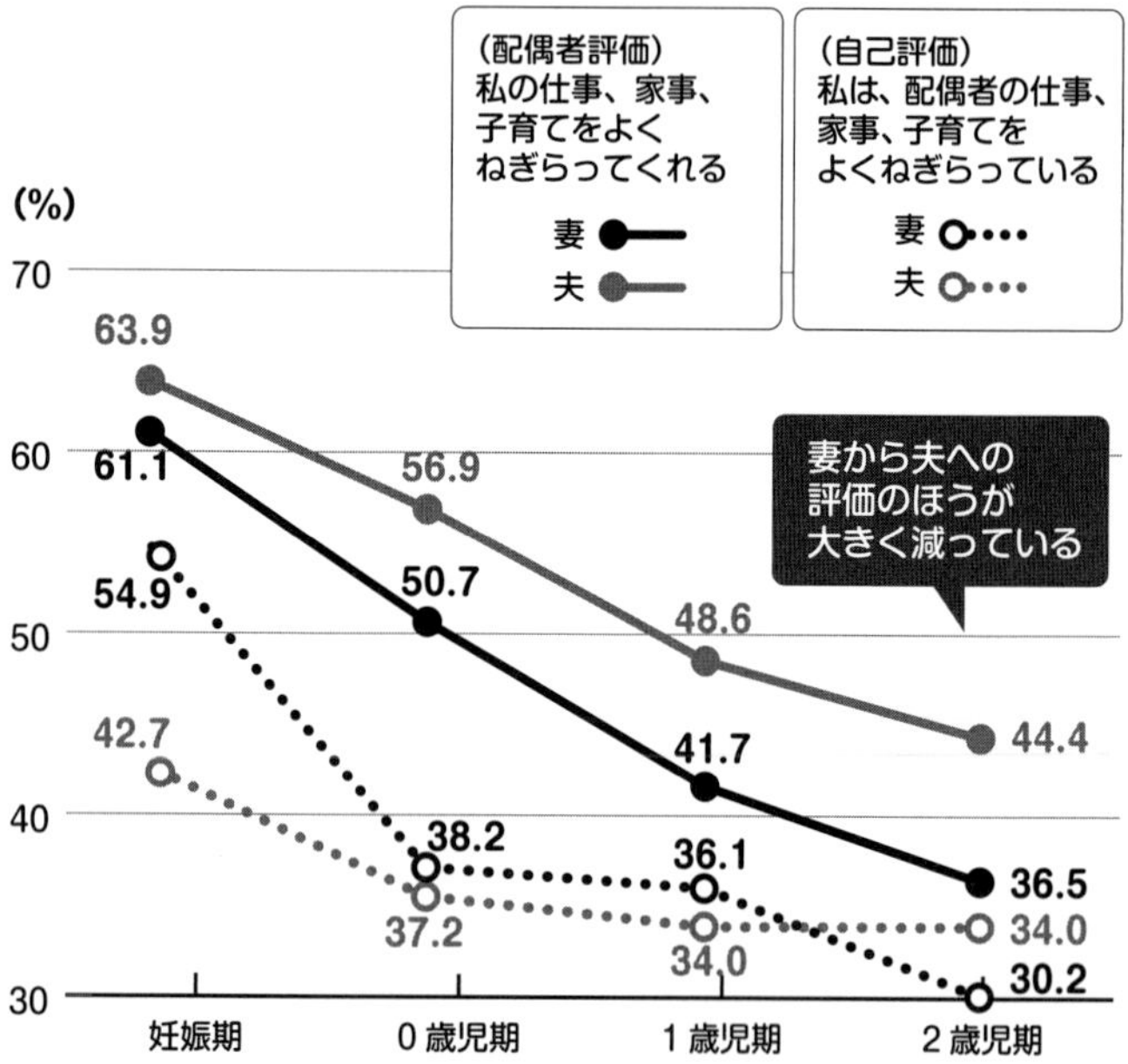

出典：ベネッセ教育総合研究所
「第１回　妊娠出産子育て基本調査・フォローアップ調査（妊娠期〜2 歳児期）速報版」2011 年

ぎらっているような場合じゃない！　という、ママの産後の混乱ぶりが見えるようです。その後もじりじりと下がり続けるのは、余裕のなさが続くからだけではなく、1年目に信頼関係が崩れ、「もう、夫をねぎらう気になんかならない」といった不信感が進行してしまうからかもしれません。

一方、妻をねぎらっていると肯定する「夫」の割合は、産前から低めな上、産後ママがいちばん大変な時期にすら下がってしまいます。もともと妻をねぎらう習慣が低い上に、産後、ママの予想外の変化に直面して、パパの側もねぎらいの気持ちを失ってしまっているのかもしれません。

データの中からも見えるパパとママの変化と「ずれ」、そして、なんだかふたりともつらそうな状況。これらがどうして生み出されてしまうのか、少しずつ解き明かしていきましょう。

第2章

産後のママのリアル

「こんなの聞いてない！誰も教えてくれなかった」……これは、初めての育児中のママの声。多くの女性がそんな感想を持つほど、乳幼児育児の生活には予想を越えた過酷さがあります。産後のママたちにはいったい何がおこっているのでしょう？　すぐそばにいるはずのパパにもなかなか見えない、ママのリアルな生活はどうなっているのでしょうか？

ママの暗い顔は「心の問題」ではない！

一般に、女性というのは長い妊娠期間を経て、段階的に母になるようなイメージがあるかもしれません。でも、実際は違います。妊娠も出産も、そしてその後の育児も、ある日突然に始まるのです。突然「親」になった女性は、それまで思いもしていなかった状況の変化に戸惑いつつ、目の前の現実を必死になって受け入れています。

「明るく楽しく」できないのはママのせいじゃない

赤ちゃんとの生活の「明るく楽しい」部分しか想像できない新米パパの目には、産後のママの様子が意外に映るかもしれません。赤ちゃんとの幸せなひと時を過ごしているはずのママが、「楽しくなさそう」「不機嫌」「つらそう」に見えるのですから。

パパが感じるこの「明るく楽しいはずの育児」と「不機嫌でつらそうなママ」というイメージのギャップは、実はママ自身も感じています。でも、パパもママもそれぞれに、その理由を誤解しがちです。

「ママがちょっと神経質過ぎるんじゃないかな、完璧主義だし」と考えるパパ。「自分がみんなよりも弱いからなのかな」「私の要領が悪いからだめなんだ」と感じてしまう

ママ。どちらも、育児が楽しくできない原因を「ママ個人の資質」ととらえがちです。でも、実はこのイメージと現実のギャップの背景にあるのは、産後の女性が放り込まれる「劇的な環境変化」なのです。

「明るく楽しい」イメージを「不機嫌で楽しくなさそう」な現実にさせてしまう環境変化とはいったいどういったものなのでしょう。この章では、パパはもちろん、ママ自身も明確には認識できていない、その「劇的な環境変化」について詳しく見ていきます。

180度級の環境変化が一気に押し寄せる

女性が出産を経て育児をスタートして直面する環境変化の幅はとても大きく、それまでの「習慣」「感覚」「考え方」が、文字通り180度変わってしまうようなレベルです。

例えばそれは、「夜型人間」から「朝方人間」への変化だったり、「外食派」から「自炊派」になったり、あるいは、「家にいるのは夜だけ」の生活が「一日中家にいる」ようになったり。また、人によっては「気が短い」方だったのが、いつの間にか「忍耐強く」なっていたり、「大ざっぱ」だったのが「神経質」になったり、かなりの転換です。大人になって普通に生活している限り、こんなふうに大きく志向や気の持ちようが変化することは、そうそうないことでしょう。

ところが、産後の女性はこうした大きな変化をせざるをえない状況に、ぽんと放り込まれます。ママになった女性が自発的な意思によって変わるというよりも、むしろ、変化を余儀なくされるわけです。**それまでとは正反対の人格に変化しなくては乗り越えられないような、そんな環境に身を置くことになるのが産後の女性の現実なのです。**

ありとあらゆる環境がまとめてどさっと変化しますから、ママの毎日はめちゃくちゃで、もう精一杯！「明るく楽しい」育児なんて、どこかへ吹き飛んでしまうのも無理はありません。

それでは、産後のママが放り込まれる環境変化を（1）時間編（2）身体編（3）社会編（4）精神編の4つに分類して見ていきましょう。（P41イメージ図）

産後の女性に起きる環境の大激変

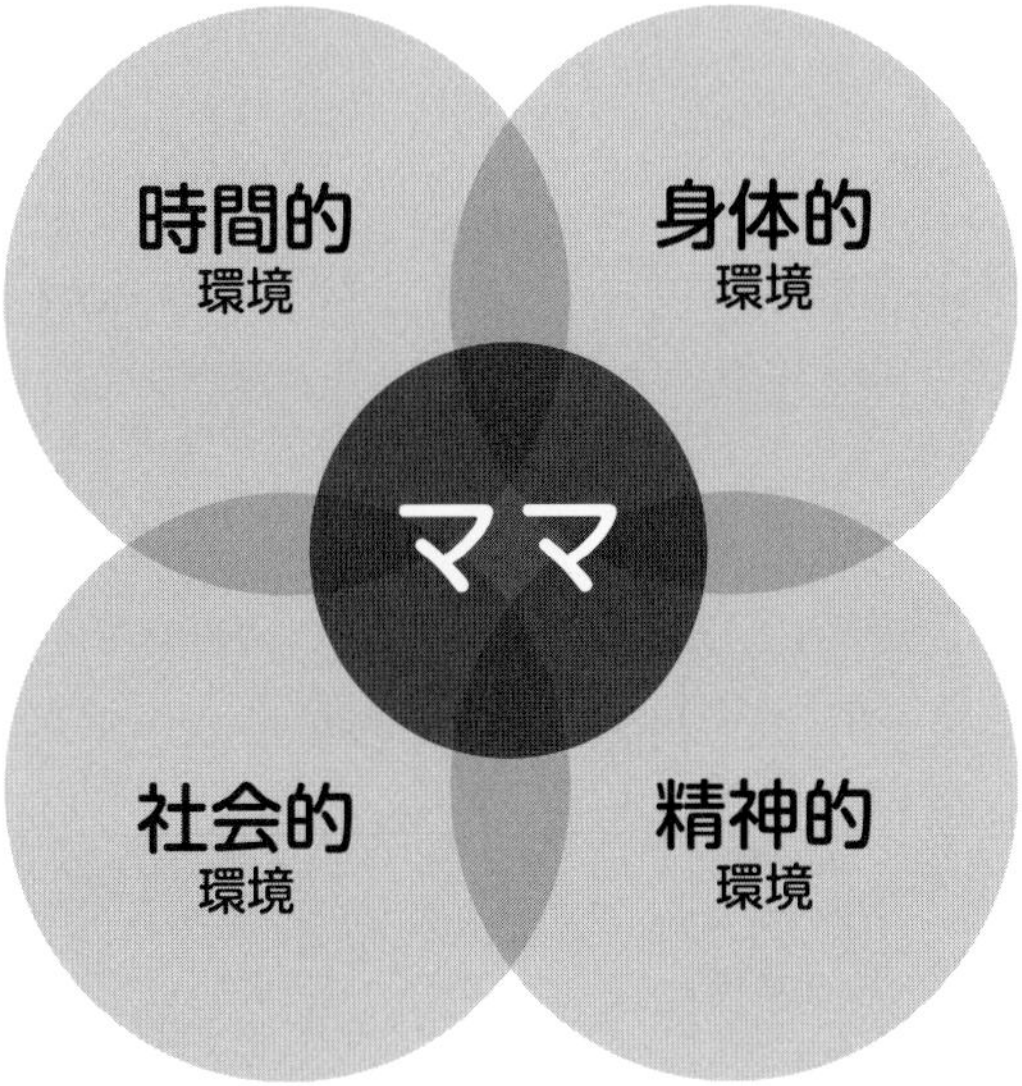

［環境変化1］時間編〜自分の時間がゼロになる

育児がスタートして最初にママたちがさらされるのが、「時間」に関する急激な変化です。絶えず「泣いている」か「飲んでいる」か「相手が必要」な状態の赤ちゃん。そしてその、日常生活の時間感覚とはかけ離れた赤ちゃん的リズムに、延々と、かつ徹底的につき合い続けなければならないのが、ママの試練の始まりです。

徹底的に細分化される時間

さて、次のページの時間表を見てください。いったいなんの表だと思いますか？　これは、産後3ヶ月時点の「授乳」の回数です。10人のママたちの育児記録から、ある1日の授乳のスタート時刻を1時間区切りでマークしました。授乳に埋め尽くされているのが一目瞭然です。

知人に協力を得て集まった10人分の記録ですから統計的な意味はありませんが、この表を見せるとたいていのママたちは、「そうそう、ひどかった！」「よくあの生活で生きてたな……」と、自分の授乳期の壮絶さを振り返ります。新生児期の育児は「1日中授乳しっぱなし」というのが実感なのです。

10 人のママのリアルな授乳記録

	SKさん	TS さん	CFさん	HWさん	MIさん	MMさん	YHさん	YSさん	KIさん	KTさん
0：00			●		●					
1：00								●		
2：00	●	●		●			●	●		
3：00	●									
4：00					●					
5：00				●				●	●	
6：00		●					●			
7：00	●		●							●
8：00	●			●	●	●				
9：00	●					●	●	●●		
10：00			●	●					●	●
11：00		●			●	●				
12：00	●			●			●			
13：00	●		●	●	●			●	●	●
14：00							●			●
15：00	●	●				●				
16：00				●		●	●			
17：00	●	●	●	●	●					●
18：00			●					●●	●	
19：00	●	●			●	●	●			
20：00	●			●						●
21：00			●			●●		●	●	●
22：00	●				●	●	●	●		
23：00	●	●					●	●		
合　計	13	7	7	9	8	9	9	11	5	7

patomato で協力を依頼した 10 人のママの授乳記録より作成
（第１子生後３ヶ月目のある日の授乳記録。授乳スタートした時刻をマーク）

1回の授乳には、もちろん個人差はありますが、ダラダラと20～30分かかることもざらにありますし、そのまま赤ちゃんが眠りそうなら、1時間くらいは授乳&だっこで身動きが取れなくなるのも当たり前。しかも赤ちゃんというのは、寝床に降ろそうとした瞬間に眼を覚ますのが常なので、ほぼ1日中、ずっと「抱きっぱなし」なんてことにも。

想像してみてください。1日は24時間しかないのに、夜も昼も関係なく、1日に何度も何度も「授乳&だっこ」によって寸断されてしまう日常を。

赤ちゃんが泣き始めた瞬間から、ママの体と時間、そして頭の中は、ロックされて身動きが取れなくなるのです。そんなママに、「空いている時間」はいったいどのくらいあるでしょうか？　授乳の間隔を大まかに計算してみると、まとまった時間が2時間とれたら上々、3時間あったら奇跡という状態。しかも、これが昼夜関係ないのです。

生後3ヶ月でまだこの状態ということは、ここまですでに3ヶ月間そんな生活を続け、さらにこの先どのくらいこれが続くかもわからないという状況です。ワンオペ状態の多くのママは、この授乳&だっこに挟まれた細切れの時間で、赤ちゃんの世話と家事をこなし自分の身の回りのことをしなければいけません。

掃除洗濯をして、3度の食事を作り、後片付けをし、スーパーに買い物に行き、散歩に出かけ、オムツを替え、お風呂に入れ……自分自身がご飯を食べる時間や睡眠時間はどこに挟み込んだらいいのやら。こんな生活、どうやってひとりで乗り越えたらいいのでしょうか？

睡眠時間の確保すらままならない中で、育児と家事が切れ目なく続く生活をしているママにとって、「笑顔でやわらかであたたかい」育児のイメージなんていうものは、あっという間に音をたてて崩れ去ります。家事の進行も自分の日常生活すらも滞りっぱなしです。

段取りしないとトイレにも行けない

ごはんを食べる、歯磨きをする、トイレに行く、顔を洗う、着替えをする、お風呂に入る、眠る。どれもふつうは当たり前にしている日常の作業ですが、赤ちゃんとの生活が始まった途端、これらはママたちにとっては当たり前ではなくなります。

「うわぁ、トイレ行きたかったのに」「ああ、まだ30分しか寝られていないのに」「洗濯物まだ干し終わってないのに」「ご飯食べておきたかったよ」……、赤ちゃんの泣き声は、ようやくママが確保した細切れの日常を、容赦なく「強制終了」させてしまうのです。

そのため、ママの頭の中は常に赤ちゃんの時間軸を意識せざるをえなくなり、完全に赤ちゃんに支配されてしまいます。あまりにも自由度が低く、**自分の時間を赤ちゃんに「乗っ取られた」ように感じてしまうほどです。**

よく、「好きなことをする時間がないからストレスなんでしょ？」と言うパパがいますが、それはまったくの見当違い。**ママのストレスはもっとレベルの低いところにあります。ごく当たり前の日常生活がひとつも自分のペースでできないことこそが問題なのです。**もはやパパが「好きなタイミングでご飯を食べているだけでうらやましい」という感覚です。「朝ごはん食べながら朝刊読めていいよね」「自分の好きな時にトイレに行けていいよね」「仕事に行けていいよね」「コーヒー飲んでリラックスとか許しがたい！」「この30分が超貴重で贅沢なのに、なんでぼーっとしてるの!!」こんなふうに、「自分の時間」で生活しているパパへのうらやましい気持ちが、ほどなく怒りに変わるほど、ママの「自分の時間」はなくなっています。

切れ目も、終わりも、メリハリもない

細切れの赤ちゃん時間生活が、2～3日続いたってたいしたことはありません。1週間続くときついですが、そこで一旦まとまった時間が取れるならがんばれるでしょう。でも、そこで休めるわけでもなく、その状態はまだまだ続いていきます。そう、乳児期の育児にはとにかく切れ目も終わりもないのです。

「夫が当たり前に飲み会にいくのが信じられない！」

これは、育児中のママから必ず上がる怒りのひとつですが、怒りのポイントはどこにあると思いますか？「自分は授乳中でお酒を我慢しているのにずるい」。まぁ、それも少しはあるかもしれません。「家のことが大変だから少しでも手伝って欲しいのに」。これはもちろんあるでしょう。**でも、いちばん強く根っこにあるのは、「あなたは酔っ払えていいよね」という、パパのその気楽さへの憤《いきどお》りです。**

毎晩のように夜中の授乳やだっこが待っていて、けっして誰かが変わってくれるわけでもないママにとっては、酔っぱらっているパパの存在自体が無神経にしか見えません。酔って一晩眠れるというのは、もう、それだけでとんでもない贅沢なのです。

赤ちゃんの世話というのは、切れ目がないだけでなく、メリハリもありません。常にうっすらと緊張感があって、起きている時は目を離すのが怖いし、眠っている時も気がかりで時々息をしているか確認したりするほどですが、やっていることは同じことの繰り返し。手も目も離せなくて何か他のことができるほどは暇じゃないのに、非常にのっぺりとした時間が流れています。日中起きている赤ちゃんの相手をする時も、大人が自分の興味に時間を使うのとは時間の流れ方がまったく違います。さんざん「赤ちゃんテンション」で過ごしたなぁとふと時計を見るとまだ30分しか経っていなくて絶望的な気持ちになるなんてこともしばしば。

出産前に仕事をしていたママの多くは、「仕事をしている方がよほど楽」だと言います。その最大の理由は、仕事がどんなに大変でも、帰宅後や週末といった明確なＯＦＦがあるから、というもの。それだけ「切れ目」や「メリハリ」を求めているのです。復職していくママの中には、「このままずっと育児だけしていたら、絶対おかしくなっていた！」と言う人も。だから、ママが育児に専従している時に夫が「はぁ～、疲れたぁ～」と、仕事を終えて家でリラックスする姿を見ても、素直に優しい気持ちになれず、「家で休めていいよね」と思ってしまうのです。

高級食材を迷惑に感じるなんて

だっこもせずに赤ちゃんがおとなしくしていてくれる時間がそう長くはない授乳期。大人の食事も、赤ちゃんの世話の合間にパパッと済ませるというのが現実です。だっこしながらの食事や、授乳中がチャンスとばかりに、胸元に赤ちゃんを抱き母乳を飲ませながら自分がご飯を食べる、なんてこともママの日常です。

食事の内容も、片手で食べられるパンやおにぎりが中心で、熱い汁物なんて赤ちゃんの頭上を通過させられないので厳禁。「ラーメンなんてずっと食べてない！」なんていうのがママ同士ではよく話題になります。

夫婦ふたりそろっている時でも、両手で食事をするためには、だっこを交代しながら順番に食べるか、バウンサーに寝かして足で（！）揺らしながら食べるかで、「ゆっくり食事する」なんて夢のような話。この時期は、落ち着いた「大人の食事」なんていうもののプライオリティはどんどん下がっていくもので、時間をかけずに栄養を取ることの方が重要な気持ちになってきます。

我が家もそんな生活の真っ只中だった育児初年度の年末。「大晦日にすき焼きでもしたら」と夫の実家から牛肉が届きました。それも、自力ではけっして手の出ないなかなかの高級和牛です。

ところが私は、本来なら小躍りして喜び感謝すべきところを、「赤ちゃんをだっこして熱い鍋を囲む余裕なんてないのにどうしよう……いや無理でしょ……」と、あろうことかこの和牛を負担に感じてしまったのです。

せっかくの心遣いを無駄にするわけにもいかないと、どうにかすき焼きを始められたのは、ようやく子どもの眠りが安定に入った夜の10時半過ぎ。年末の疲れもあったのか、すき焼きの味はまったく覚えていません。はっきり覚えているのは、さっさと食べ終えて片付けたいとしか思えなかったことと、すき焼きくらいゆっくり味わいたいと思っているであろう夫の食事スピードに一方的に敵意すら感じてしまったことです。

たしかに大晦日ぐらい「特別」を楽しめばいいのかもしれません。でも、残念ながらその「特別」は、赤ちゃんのペースには全然関係ないのです。ママたちは、「特別」の後に続く赤ちゃんペースの日常を絶対に放り出せません。のんびりすき焼きを味わっている暇があったら、他のことに時間を使いたい。大晦日くらい楽させて！　コンビニの年越しそばで私は幸せなのに……。まぁ、その時の私の本音はそんなところだったわけで、こんなふうにプライオリティが大きく変化するのがママの現実です。

子どもが小学生の今なら、高級和牛いつでもウェルカムなのですが、そういう時に都合よく牛肉が届くわけではないところが、人生の皮肉なタイミングというものです。

パパに期待するのはこんなこと！

パパはまず、ママの「自分の時間」がゼロになっていることを本気で想像して、自分の言動をチェックしてみてください。パパ自身の身の回りのことを自分でやるのはもちろんですが、言葉を選ぶことも重要です。「食事くらいゆっくりさせてよ」なんて言うのは絶対にNG。もし毎晩のんびり夕食を食べられているパパがいるとしたら、それは、ママがそのためだけに相当労力をかけてくれている証拠だと思ってください。「ママも食事くらいゆっくり食べたら？」と、無責任な言葉をかけるのではなく、「俺がだっこしてる間にゆっくり食べて」と、ママの食事時間を確保してください。

「自分の時間」に対するママの喪失感は相当なもの。パパが会社帰りに遠回りしてママのお気に入りの店でケーキを買って帰っても、「ケーキなんていらないからその30分、早く帰ってきてよ！」という反応をする可能性だってあります。パパのあらゆる時間を使いたくなるほどママの「自分の時間」は枯渇しています。

　赤ちゃんに「乗っ取られた」ママの時間を解放できるのは、パパしかいません。たとえ30分でも1時間でも、目標は短くからでいいので、パパが赤ちゃん担当をして、ママの「自分の時間」をこまめに捻出してください。ママはその時間を何に使ってもOK。カフェにお茶を飲みに行ってもいいし、ただ睡眠時間にあてても、家事に使ってもいい。もっとささやかな、夜中のコンビニへの散歩だっていいのです。それが「ママのための時間」でさえあれば。

【環境変化2】身体編～予想外のダメージが連続

妊娠した瞬間から、女性の体は刻々と変わり続けます。つわり、体型の変化、お腹の張り、体の各所にあらわれる不調……。個人差があるとはいえ、妊娠も出産も、そして出産後も「人生で最大かつ最長の体調不良」と言えるほどの状況です。「育児は体力勝負」と多くのママが言う、その実態を見てみましょう。

「病気じゃない」って誰が言ったの？

「妊娠は病気じゃない」なんて言葉をよく耳にしますが、そのせいで女性自身もその変化を特別視してはいけないような気持ちになりがちです。「病気じゃない」という思い込みは、「体調最悪」「きつい」「もう無理」といったネガティブな訴えを言い出しづらくさせ、結果的にママたちは、ひたすら耐えるしかなくなってしまいます。

私自身も妊娠生活をしていた当時を振り返ると、「格好つけて無理していたなぁ」と思い当たることがちらほら。つわりが続いているのに食事の誘いを断らず、帰宅してから吐いたり、ぜいたくだと言ってタクシーを使わなかったり、「妊婦マーク」でプレッシャーを与えていると「思われたくなくて」、電車の中でもあえて目立たない場所に立ってみたり……。それなりに身体はきつかったので、今思えばもっと周りに頼って病人らしく振る舞ってよかったのだろうと思います。「病気じゃない」で身体のつらさを押さえ込んでいたのは間違いありません。

妊娠期間というのは、お腹の子どもと対話しながらじっくり穏やかに母になる、といったイメージをもたれがちですが、むしろ、**約40週にわたって、ひたすら病気並みの体調不良と戦い続けるというのが現実なのです。**

もちろん体調は個人差が大きいとはいえ、この時期に夫が体調や家事のフォローをまったくしないでいれば、それだけで妻からの信頼が薄れてしまっても不思議ではありません。

出産は大怪我のようなもの

出産も「自然な営みである」というイメージに包まれ、その「痛み」以外はあまり注目されません。個人差があるのでこれは私の主観ですが、痛みは予測をはるかに越え、全体的に相当な気力とテンションで切り抜けるしかないという状況でした。とにかく「自然」のひとことで済まさないで欲しいと思うレベルで気持ちにも身体にも強烈な負担がかかるのです。しかも、「大変なのはその瞬間で、そこを乗り越えれば後は楽になる」という産前の認識は相当間違っていて、現実とはかなりギャップがありました。

実際に女性の身体にどんなことが起きているのでしょうか。文京学院大学准教授で、一般社団法人産前産後ケア推進協会代表理事をつとめる市川香織先生にお話を聞きました。

先生によると「出産はフルマラソンを走ったほどの消耗」に例えられるそうです。産後の身体の状態についてはこう解説します。

「出産時の痛みが話題になるのに対し出産で受ける身体のダメージはあまり知られていません。出産後は、出産時に会陰切開すれば傷の痛み、産後の出血、後陣痛と呼ばれる子宮収縮の痛みなどがありますし、見えていない体の中でも大きな変化が起きています。胎盤がはがれた子宮の壁には15～20㎝四方の傷ができるんですよ。すぐに子宮が収縮するので、この傷口も一気に縮み止血されますが、一時的とはいえ大きな傷といえます」

そんなに大きな傷が身体の中に？　と想像するだけでもゾッとします。たしかに私も、産後はどこが痛いのだかわからないくらい各所がひどく痛みましたが、子宮内にそんな傷ができた状態とは知りませんでした。

出産後は体がすぐに元通りになるなんてイメージを持ちがちですが、これもまったく違うそうです。

「赤ちゃんがいたスペースが出産で一気に空き、子宮そのものは一気に収縮し始めますが、骨盤や周りの筋肉も大きくダメージを受けていてバランスを崩しています」

私自身の記憶でも、赤ちゃんは生まれたはずなのにお腹はすぐには引っ込まず、なんで元のままなんだろう、という印象でした。

「一般的に、妊娠で10kg体重が増加したとして、出産で５kgくらいの体重が減ります。３kgの赤ちゃん、５００gの胎盤、５００gの羊水、出産での体力消耗１kgくらいの目安で一気に減りますが、赤ちゃんを保持していた筋肉や脂肪、母乳を作る機能など、身体は大きく変わっています。ゆっくり半年くらい時間をかけて元に戻っていくのが普通です」

こうして数字で聞くとその変化の激しさがイメージできます。

市川先生の実感としては、女性自身も、産後すぐにスッキリと元通りに戻り、何でも自分でできると思っているケースが多いそうです。

「生活スタイルも社会構造も変化し、親族や周りの女性が産後の女性を自動的にサポートしてくれるような仕組みに期待するのは難しくなってきました。だからこそ、女性自身が自分の身体のことを知って『休む必要がある』という知識をつけ、積極的に身体を休めてほしいと思います。伝統的な床上げ21日の３週間を目安に、**最低でも産後２週間は、ママが授乳以外は何もしないでいいくらいの体制を作れるのが理想です**」

ママ自身も自覚がうすいくらいなので、パパはさらに気づかないかもしれませんが、出産で女性の身体は、これほどのダメージを受けているのです。いっそ、大怪我をしたとイメージした方がわかりやすいかもしれません。身体はゆるやかにしか回復しないので、傷を負った身体のままハードな乳児育児が始まります。赤ちゃんのケアや家事でさらにダメージを深めたり回復が遅れる可能性もあります。

ですから、例えば産後の1ヶ月を里帰りで乗り切れば、その後は、パパのサポートを受けずに家事や育児を切り回していけるなんて考えるのは、ちょっと見通しが甘すぎます。数ヶ月単位でパパがママの身体を守るという長期的な視点を持つ必要があるでしょう。

授乳がこんなに大変だったなんて

妊娠と出産で傷んだ身体に追い討ちをかけるのが授乳。これも産前の女性はあまり意識していませんが、実はものすごく身体に負担がかかります。母乳の場合、もともと皮膚が弱い箇所を継続的に噛《か》まれているようなものなので、傷が出来て痛むだけでなく、授乳中の乳房は、すぐに張って痛くなったり、乳腺炎などのトラブルが起きることもあります。

さらにくせ者なのが授乳時の姿勢。非常に中途半端な体勢を保持しなければならないので、肩や腰のトラブルがもれなくついてくるほどです。例えば5kgの荷物を胸元で抱えたまま15分2セットじっとしてるだけという状態を想像してみてください。地味にものすごくきつそうですよね？

さらに、授乳期はよくお腹も空きますし、喉が渇き、なんだか身体中の水分を持っていかれるような独特の消耗感もあります。自分の食べたものが母乳に影響するというイメージが強くなりママ自身が自らの食事に神経を使いすぎるのも、まるで食事制限のようなストレスになっている可能性があります。

これだけ身体に負担がかかる授乳作業ですから、母乳かミルクかにかかわらず、哺乳瓶は最大の戦力になります。**ママ以外からも哺乳瓶で飲めるように早くから慣らしておけば、ママだけに偏る授乳の負担をかなり軽減できますし、パパが夜中の1回分でも授乳を交代できたら、どれだけママの体力温存に貢献できることか!!**

「母乳だけで育てられないと母親失格と感じる」なんて声も耳にします。ママが母乳栄養の利点を生かしたいと思う気持ちはわかりますしそれを否定するつもりはまったくありませんが、できないからといって「失格」だと思い込んでしまうのは残念なことです。完全母乳にこだわりすぎて身体も心もまいってしまうくらいなら、もう少し、気楽にとらえられたらと思います。

実際、どの程度の人が母乳だけで育てているかというと、厚生労働省の「平成27年度乳幼児栄養調査結果の概要」によれば、生後1ヶ月の時点で母乳栄養は51・3％、3ヶ月の時点で54・7％です。残りの半分弱はミルクと母乳の混合か、ミルクだけなのですから、こんな数字を見るだけでも、少し気持ちが楽になるかもしれません。

過酷な睡眠不足はブラック残業以上

身体の変化でなんといってもいちばん重くのしかかるのは睡眠不足です。3時間でいいからまとめて眠ってみたい……。育児初期のママからよく聞く切実な思いですが、まだ昼夜の区別がつかない新生児の授乳は、ママがまとまった睡眠をとることを許してくれません。「新生児の頃の育児は、本当に大変だけど、大部分が寝不足からくる不調」と表現したママがいましたが、本当に、「イライラ」の多くの部分は実は睡眠不足のせいなのではないかと思うくらい、ママたちの「寝るヒマのなさ」は深刻です。新生児期は夜通しの授乳、その後もライトな夜泣きからヘビーな夜泣き、体調不良、なぜか夜中に起きて遊び出すなど、赤ちゃんが夜通し寝ない状況はいくらでもあります。長期間にわたりまとまった睡眠時間が取れないことは、シンプルに、けっこう人をまいらせます。

パパの中には、仕事で寝不足が続いたり、2日連続で徹夜したこともあるよ、という人は多いと思います。ワークライフバランスどころではない働き方をしている人は、「そうは言っても自分の方がきついはず」と思うでしょう。実際私も仕事でそういうヘビーな睡眠不足生活をしていた時期がありますが、乳児育児中の睡眠不足は、もっとうんと過酷でした。同様に「あの残業を乗り越えたのに新生児育児の方が過酷だった」と言うママはたくさんいます。

週末の休みも、徹夜明けのまともな睡眠時間も永遠にない状態を想像してみてください。「ここを乗り終えたらたっぷり眠れる」という見通しがまったくないまま、数ヶ月にわたる睡眠不足が続くと、それだけで判断力は鈍り、行動力は落ち、イライラし、怒りっぽくなったりするものです。やっと眠れた1時間後に赤ちゃんの泣き声で起こされて、また授乳してエンドレスにだっこ……。こんな生活の果てには、だんだんと赤ちゃんに対する優しさすら失い、睡魔で重い頭を持ち上げながら「もう勘弁してよっ!!」という声しか出なくなるほどです。

パパに期待するのはこんなこと!

体力勝負こそ、パパの腕の見せどころです。出産で身体に大きなダメージを受けたママは怪我人のような状態。一方パパは、身体的にはまったくダメージを受けていませんから、体力面では圧倒的に有利な状況です。

身体のケアというと、肩もみ・マッサージなど直接のケアをイメージするかもしれませんが、パパが家事全般なんでも担当することは、間接的にママの身体を休ませる最高のケアになります。共働きスタイルか、専業&片働きスタイルかにかかわらず、パパが家事をこなせると、「家族の危機対応能力」がぐんとアップするのは間違いありません。

特に最初の数ヶ月、ママの睡眠不足対策にはぜひ重点的に取り組んでください。SNSで「当面の目標は妻を3時間続けて寝かせること！」と書き込み、夜中のミルク担当をしているパパがいましたが、そんなふうに数値目標を立てるのはいいアイディアです。授乳を交代できる体制や、ひたすら夜中のだっこ担当などでママを疲労から救出してください。

また、赤ちゃん連れでの外出は荷物も多く、ベビーカーの移動にも結構な手間がかかります。ママはふだん、赤ちゃんをだっこしたままひとりで大荷物と格闘しているわけですから、パパがいっしょの時くらいは、だっこや荷物、ベビーカーの上げ下ろしなど、「腕力と体力」で解決できるところは、徹底的に受け持つ覚悟を持ってください。

同じ重さの荷物を持っても、そのきつさは体力的に勝る男性の方が軽いはず。パパが、だっこ担当だけで疲れた様子を見せたり、大量な荷物をさも重そうに持ったりしたら、「えっと、それふだん全部ひとりでやっているんですけどね……さらにスーパーで買い物とかもするんですけどね……腕力は私よりあるよね……」と、ママの心の地雷を踏むことは間違いないでしょう。

〔環境変化３〕社会編〜急な配置転換で適応不能

「寿退社」なんていう言葉が存在した世代とは違い、今では結婚で仕事を辞める女性は減りましたが、妊娠や出産がきっかけで離職する女性はまだ多く、育休を取るのも女性の側というのが主流。昨日まで男性と同じ立場で仕事をしていた自分から、突然家の中で赤ちゃんとふたりっきりの自分へ……。これはかなりのカルチャーショックです。

主人公からサブキャラへ

女性が妊娠中や出産で病院へ行くと、名前を呼ばれ、診察されケアを受けるのは自分自身です。ところがいったん育児生活が始まると、たちまち主人公は赤ちゃんになり、自分はその赤ちゃんに付属する「ママ」という存在になります。

検診や予防接種などで送られてくる書類も、病院で呼ばれる名前もすべて子どものフルネーム。出先で書類の名前を書く欄に自分の名前を書いたら、「あ、そこはお子さんのお名前を……」と言われてしまうなんてこともよく起きます。

結婚で戸籍上の姓が変わる時も喪失感や違和感を覚えやすいものですが、子どもが生まれると、さらに今度は「○○ちゃんのママ」という、２度目の無個性化、従属化を経験させられてしまったような感覚になります。もはや私は自分の名前で呼ばれることすらないのだろうか……。完全にサブキャラ化してしまったようで、アイデンティティはがらがらと崩れていきます。

例えば、私が産後1年目、友人たちが我が家で集っていた時のこと。久々に大人同士の楽しい時間を過ごしたものの、私は授乳や寝かしつけのために度々その場を離れなければなりません。別室で授乳しているあいだに皆が楽しそうに談笑している声が聞こえてきて、「あぁ、ついこの前まで私もあっち側にいたのになぁ、私がいなくても世の中はこうして楽しくまわっていくんだなぁ」なんて、珍しくずいぶんと後ろ向きな切なさを感じた記憶があります。**子どものいる生活が始まると、まさに「あっち側」から「こっち側」へと、自分の住む世界が変わってしまったような気持ちになるのです。**

仕事に復帰する人なら、「ママじゃない自分」を早々に取り戻せることでしょう。オフィス向けのきっちりファッションでベビーカーを押して保育園に急ぐママを見かけると、「これが子どもとセット状態のママと、会社員個人の○○さんの境目なんだなぁ」、と感じます。

一方、育児専従タイプの生活をしていると、それこそ何年間にもわたって、赤ちゃんとセット状態から抜け出せません。「○○さん」個人としての自分でいられる機会がなく、たまに子どもと離れて、ひとりで電車に乗った時など、赤ちゃんがいないのに鼻歌を歌ったり、ユラユラとだっこであやすように動いたり、怪しいふるまいになるという経験をするママはたくさんいます。いざひとりで外出できるとなると、着る服すらどうしていいかわからなくなっていて、「赤ちゃん連れでない自分」を見られるのが落ち着かないという逆転現象を起こすほどです。

ママカテゴリーという未知の階層構造

「ママ」とひとくくりにされたとしても、個人の属性やバックグラウンドは様々です。例えば地域の３ヶ月検診で出会う「ママ」に共通しているのは「同じ月に赤ちゃんを産んだ」「同じエリアに住民票がある」ということだけ。20歳の若いママもいれば40歳を過ぎたママもいるし、専業主婦希望の人もいれば育休中の人もいます。仕事経験だって超難関専門職の人もいれば公務員や会社員、派遣社員やフリーランスなどごちゃまぜです。

そんな中に唯一はっきりラインがひかれるのが、子どもの年齢区分という新たな基準です。見知らぬママと公園でいっしょになれば、「今何歳ですか？」から会話が始まり、保育園や幼稚園に入れば、子どもの学年やクラスで親の関係が区分されます。そして、誰かから強制されるわけでもないのに、子どもの年齢が上＝育児経験歴が長い＝「先輩ママ」

のようなポジションも生まれます。

生まれて1年目などは、これが月単位になり、生後3ヶ月のママから見た生後10ヶ月のママなんていったら、もうかなりの先輩扱いです。そんなふうにほんの数ヶ月単位で区分したくなるほど、育児の「初めて感」は誰にとっても強烈だということなのでしょう。

多くの人は大人になっていく過程で、受験や就職といった「選抜」と「選択」を経て、徐々に均質化した集団に属していくようになります。**そうして、大人になるにつれて整理され、秩序立つ一方だった人間関係が、子どもを産んだとたんに一気に解体され、久々のごちゃまぜ状態に放り込まれるわけですから、かなりのカルチャーの転換です。**

こんなふうに、産後のママというのは人間関係の基軸そのものも大きく変わります。仕事に例えるなら、以前とは業界も規模も仕事内容もまったく違う会社にぽんと放り込まれて、イチから仕事を覚えつつ、その場のカルチャーに応じて改めて人間関係を作っているようなもの。もちろん新たな出会いや世界の広がりはありますが、当惑し適応を求められる場面も急激に増えるのです。

外出できない&話し相手がいない

真夏のひどく暑い日、カフェにベビーカーを押したママが入ってきました。赤ちゃんは寝ています。ママは一杯の冷たいドリンクをカウンターから受け取って席につきます。バッグから雑誌を取り出し開き、ドリンクを一口飲みました。ようやく冷房のきいた店内でちょっと一息つけたというところです。ところが、雑誌が数ページも進まないうちに、ベビーカーの赤ちゃんがもぞもぞっと動き出しました。目を覚ましたら、泣き出すパターンです。ママは瞬時に反応し、ぱたぱたっと雑誌をしまいドリンクを手に、ベビーカーを押してカフェから出て行きました。

滞在時間はざっと3分くらい。**こんなふうに、たった一杯のドリンクを椅子に座って飲むことさえままならないのが、赤ちゃん連れの現実です。**

子育て中の女性っていうのは、時間があり余り自由が多いと思っているパパがいるとしたら、現実は正反対です。こうして一杯のお茶すら強制終了させられる状態ですから、気軽にどんどん外出、という気持ちも薄まります。必然的に赤ちゃんのための場所への外出ばかりになり「自分の興味や楽しみのための時間」なんてものは持てません。

子どもが2歳半になったママに、今いちばん何をしたいかを尋ねたら「自分の服を見に買い物に行きたい」が答えでした。2年半、まともに自分の服を買い物に行く余裕もなかったというのがこのママの実感なのです。ひたすらスマートフォンでネット通販を眺めて気持ちを満たしているママもきっと多いでしょう。

家で赤ちゃんとふたりきりだと、会話することもできません。外出率が下がると、近所の人との挨拶やスーパーのレジでの小さなやりとりすらなくなり、「今日は一日中誰とも喋ってない」なんてことが普通に起きてしまいます。

ついこの前まで会社で仕事をして同僚と喋り、会社帰りに駅ビルをフラフラと通り抜けることができた大人が一気にこの状態になるということは、外界との接点を絶たれ閉じ込められような気持ちになるものです。

突然人生の軌道修正を迫られたら？

さて、パパのみなさん、こんな状況を想像してみてください。ある日、なんとなく体に不調を感じて病院に行ったら「長期療養が必要です。症状は日々変化しますが効く薬がないので、8ヶ月後の手術と入院まで我慢してがんばってください。仕事はどうかなぁ。休む条件とか会社とよく相談してください」と言われてしまいます。しかも家に帰ったら謎の通知文書が届いていて「あなたに在宅で無給の新規業務を委託することが決定しました。開始は8ヶ月後です」と書いてあります。

かなり、無茶苦茶な話ですよね。今の仕事はどうしよう？　収入はどうなるの？　この先の人生どうなっちゃうの？　そんなふうに思うのは当然でしょう。

　でも、この無茶苦茶な条件はそのまま、妊娠した女性が最初に突きつけられる制約事項に置き換えられます。**妊娠・出産により、女性は自分の身体が病気や怪我に相当するようなダメージを受け、その後は育児・家事にかける膨大な時間が必要になり、それまで漠然と描いていた人生に大きな軌道修正を迫られるのです。**

　女性だからといって、不確定要素の強い妊娠・出産を人生のプランにきれいに組み込んでいる人ばかりではありません。仕事が面白くなる時期なんて男女とも同じですし、大きなプロジェクトの真っ只中という人や、キャリアアップのために勉強を始めたばかりの人もいるでしょう。収入だって夫と同等、あるいは自分の方が多い人だって当たり前のようにいます。なのに、女性だけがそこまで積み上げてきたものを一時中断、もしくは放棄しなくてはならなくなるのです。

　妊娠が判明した瞬間、うれしいのと同時に、「今の仕事どうしよう！」「この先は育児だけするの？　そうしたいの？」「仕事には戻れるの？　戻りたいの？」「夫の収入に頼るの？　夫の仕事の状況は？」など、様々な思いがよぎり、頭が真っ白になってもおかしくありません。「おめでたいこと」「望んでも得られるとは限らないこと」という幸せイメージにひたってばかりいられるわけでもなく、頭をフル回転させて人生の組み替えをシミュレーションしなくてはならないのです。自分の身体には明らかな変化が起き、出産までのカウントダウンが待ったなしで始まってしまったのですから。

仕事がすごく面白い時期で「なんで私だけが仕事をできなくなるの！」という思いを抱えながら慌てて調整を試みる人もいるでしょう。許されないことですが、マタニティハラスメントで離職を余儀なくさせられる人もいるかもしれません。そうした外圧がなくても、妊娠・出産を無事に乗り切る身体を維持するために、自ら仕事を離れる選択をする場合もあり、2度の流産を経験して激務だった仕事を辞めたというママや、妊娠中に安静が必須となり仕事を辞めたというママもいます。

もちろん仕事に未練がない人もいますが、女性は妊娠も出産も自分の人生の軌道修正や大きな負担があってようやく成立するという、どこか自己犠牲を払った感覚を背負っているものなのです。

無収入の不安と立場の低下

仕事を離れるということは、現実的なお金の問題に直結します。たとえ一時的にであれ、出産により仕事を離れると、ママだけが急に収入を失うのです。

もちろん、会社員だと産休中の手当や、育休中の給付金、辞めても妊娠・出産・育児が理由の失業給付などサポート体制があります。ただし、給与からはだいぶ減りますし、働いて得た収入ではないので受け取る感覚も違うでしょう。

会社員でも受給条件に合わなかったり、フリーランスなどそもそも産休育休と無縁の働き方をしている人は、仕事を離れた瞬間に入るお金は０円です。ただでさえ、「子どもが産まれたらお金がかかりそう」と、漠然とした不安をかかえるタイミングで、多くの夫婦が「家計の収入が減る」というリアルに不安感満点の事態に直面するわけです。

働いて収入を得ていた女性にとって、パートナーが働いたお金だけで生活をするというのは、実は精神的に結構大きな負担になるものです。シンプルに自分の価値が下がったような気はするし、収入がないことに引け目を感じても、自分の力ではどうすることもできないジレンマがあるからです。

ある時ワークショップで聞いた「稼いでないから、私にできることは節約くらい……」というママの声は、すっかり変わってしまった立ち位置のしんどさをよく示していると思います。

生活費の節約をがんばっている時の感覚は私自身よくわかりますが、１円でも安いスーパーを選び、コンビニでおやつを買うのを我慢し、化粧品は安いものに、美容院はどうせ行く暇もないから先延ばしで……と、どんどん切り詰めていくものです。数ヶ月後の生活に困るほどの緊急事態ではなくても、決めた生活費の中でやりくりすることにばかり目がいくのです。

ママがそうした緊縮モードの時に、例えばパパが500円近いタバコを当たり前のように買っていたり、飲み会で気軽に5千円払っていたらどうでしょう？　この金銭感覚の差は、ものすごい「格差」です。

「しかたないっていうか、それくらいいいでしょ」というのが仕事をしている大人の現実で、そんなことママだって本当はわかっています。でもママはすでに、お金が必要なら稼げばいいという「共稼ぎモード」ではなく、何をどうしても収入が限られているという「緊縮モード」なのです。パパだけが変わらぬ金銭感覚でいることは違和感しかなく、立場が下だと見せつけられているような感覚にすらなります。

仕事を辞めて夫に生活費を渡されるスタイルになったあるママは、「私が必死に予算内でがんばってるのに、夫が飲んで深夜にタクシーで帰ってくると、私の努力は何なんだろうとがっくりする」と言っていました。別のママは「100円を使うのに悩む自分がもう嫌になった」という理由で仕事を再開したそうです。

本来は、その分、家事や育児をしているんだから引け目に感じる必要はないはずです。でも、「俺が稼いでるんだ」という前時代的な決めゼリフと同じだけの重さで、「私が家事と育児をしてるんだ」という言葉を返すことは、現実にはなかなか難しいのです。実際にパパ自身、このふたつの言葉を同じだけの重みで受け止められているでしょうか？　ママの側が感じている引け目や発言力の弱さは、パパが思っているよりもはるかに強い可能性があります。

妊娠・出産を機に仕事を辞めて専業主婦になったあるママは、「夫に収入を盾にした発言をされることがいちばん傷つくし、喧嘩の原因にもなる」と言います。収入の変化は、ママ自身の社会的な立ち位置だけでなく、夫婦間の気持ちのバランスにも大きな影響を与えているのです。

仕事とは異質のスキルセット

育児にまつわる「個別の作業」は、実は驚くほどシンプルだったりします。授乳はだっこをしてぱくっとくわえさせるだけといえばそれだけ。ミルクを作るのもただルール通りにするだけだし、おむつ交換なんて慣れてしまえばただの単純作業です。

こんなふうにばらばらに取り出すと作業の難易度が高いわけではないので、仕事で要求されるような知識や作業レベルに比べるとたいしたことではないように思えて、つい「育児って簡単」と思いがちです。実際、学歴も職歴も申し分ないママが「育児って誰でもできる簡単なことだと思っていたのに、何で自分はこんなに苦労するんだろうとショックだった」と、話してくれたことがあります。

でも、育児の難しさは別のところにあります。ひとつひとつの作業は単純でも、個別の作業が連続的に発生すると、急激に難易度が上がるのです。**パズルのように1日の作業を組み立てる構成力、赤ちゃんの状態を把握するパターン認識力、機嫌を見通し備える計画性、そして強い体力。それらを総動員して全体をマネージメントし、マルチタスクをこなさなければなりません。かつ、起伏に乏しい作業を延々と続けるモチベーションを維持しなければならないのです。**

例えば、パソコンでプレゼン資料を作るために必要な知識や能力と、赤ちゃんをだっこするために必要な知識や能力を比べたら、資料作りの方が上だと誰もが思うでしょう。でも、2時間プレゼン資料を作り続けるのと、寝ない赤ちゃんを2時間だっこし続けるのとどっちがきつくて大変かと聞かれたら、間違いなく、赤ちゃんのだっこの方がきついのです。

育児の現場は仕事のセオリーとはかけ離れていて、成果を計る軸もないし、評価を得ることもなく、もちろん対価もありません。「生活」としては過酷すぎるのに、「仕事」としては張り合いがない。経験したことのないスキルセットを求められ、ママたちは困惑しています。

パパに期待するのはこんなこと！

まずは、パパが「育児や家事を軽視しない」ことが、何よりも大切です。ママが自己評価を下げがちなので、パパにまで「簡単なこと」と思われたら救われません。小さなことのようですが、日々、感謝の気持ちを意識的に伝えることから始めてください。「ありがとう」が日常的に行き交えば、それだけで家の中の空気がやわらかくなるものです。

そして、パパ自身も自分の社会的環境を変えることを意識してください。育休が取れなくても早く帰る日を作るとか、週末の趣味をあきらめるとか、パパも変化を受け入れることが、すっかり立ち位置の変わってしまったママの孤独感をやわらげます。

ママの自己喪失感は、必ずしもマイナスの方向に出るばかりではなく、逆に仕事を再開したいという意欲や、新たなコミュニティで何か活動を始めたいというチャレンジなど、積極的な形で表れることもあります。

ところが、ママが赤ちゃんを気軽に預けて何かに手を出そうとするには、まだまだ保育環境が整っていません。保活の厳しさ故に、女性はフルタイムで働くか働かないかの二択に追いやられている側面があり、ライトな働き方をするのが最も難しいのが現状です。パパのバックアップがなければ簡単には始められません。ママが社会との接点を渇望している場合は、ぜひ積極的にサポートして欲しいと思います。

【環境変化4】精神編〜高プレッシャーにつぶされそう

女性はママになる準備が自然と整うのかといえば、けっしてそんなことはありません。命を預かる重い責任に押しつぶされそうになりながら、初めてのことだらけの毎日の中で必死に格闘しているのです。そんなママたちの感じているプレッシャーや怖さ、緊張感はどんなものなのでしょうか？

新入社員がいきなり社長に!?

新入社員として入った会社で、ある日突然、「君、今日から社長ね」と言われたら、どう感じますか？　先輩も上司もいて、まだ自分は何の経験もないし、会社の事業に関する知識も多少聞きかじったくらいです。「やったラッキー！」と思える人はまれで、「いや自分には無理です、荷が重すぎます」と思う人がほとんどなのではないでしょうか。

出産して母になった瞬間というのは、こんな状態によく似ていています。私は初めて自分たちの赤ちゃんを抱いたとき、「あぁこんなに幸せなことが人生にあったんだなぁ、最強に大切な存在ができちゃったなあ」と感激するのと同時に、「母親」という大きな「肩書き」がものすごい重さで降ってきたのを感じました。「どうしよう！　すごいことになってしまった！」という思いが親としてのリアリティの始まりだったかもしれません。

女性だからといって、赤ちゃんを生んだだけでは育児に関してはまだ完全に素人です。

例えば私は、自分の胸から授乳する方法も、新生児の抱き方も、おむつのつけ方も、助産師さんに教えてもらわないと何ひとつわかりませんでした。持っている情報といえば、妊婦向けの雑誌1冊と、ネットで買ったやたら重くて大きな育児書が家にあるくらい。このふにゃふにゃと壊れてしまいそうな存在を、家に「持ち帰って」果たして大丈夫なんだろうか、やっていけるんだろうか、とそんなふうに思った記憶があります。ママたちが不安もなく堂々として見えるのは、出産自体でハイテンションになっているのと、強い責任感でその不安を意識下にぎゅっと抑え込んでいるからでしかありません。

もちろん個人差はあるでしょうが、母になった直後というのは、それくらい頼りない感覚でもおかしくありません。本やネットの知識で「武装」しているだけで、実は大きな不安をかかえているものです。出産した途端に「母としての本能的な何か」が降りてきて、自動的に育児のエキスパートになるなんてことはけっしてないのです。

よく、「男性は急には父親になりきれない」なんていう表現を耳にしますが、女性だって似たようなもの。突然母になってどうしていいかわからないくらい、本当は不安です。でも、自分がやるしかない状態に放り込まれてしまったので、やむを得ず体当たりで目の

前のことをこなしているに過ぎません。

それを「やっぱり女性だからできるんだ」と簡単にとらえてしまったら、ギリギリの線で踏ん張っているママの気持ちは救われません。母になるということは、知識と経験、そして慣れの積み重ねのみで成り立ちます。スタートの時点で、パパとたいして条件は違わないというわけです。

命を預かる重さ

人の命をダイレクトに扱うというのは、とても重いことです。でも、すべての親は赤ちゃんが生まれた瞬間にその責任を引き受けなくてはなりません。産まれたばかりの小さな赤ちゃんは、「簡単に壊れてしまいそう」で、絶対的に保護しなければならない存在なのは明らかです。

ママたちの育児記録やログを見せてもらうと、授乳の時刻、母乳を飲んだ際の所要時間やミルク量、おむつ交換のタイミング、便の回数、眠っていた時間などが細かく記録してあります。くねくねの文字、几帳面な文字、アプリでこまめにとり続けたデータ、そのすべての向こう側に、赤ちゃんの健康維持への強い責任感と不安、緊張が詰まっているのが伝わってきます。

核家族化が進んだ現在、育児は人から人へ伝えられるもの、年長の経験者といっしょにやるものではなく、自分でゼロから学び、経験して乗り越えるものになっています。そのため、新米のママたちは赤ちゃんの変化を必死に観察し、栄養は足りているのか、体調は悪くないか、発達はきちんと順を追っているか……ひとつひとつ心配して、調べて、聞いて、迷って、納得してを繰り返すのです。

こうしてママの「経験値」は少しずつ上がっていくわけですが、育児記録を見せてくれたママの何人かは、「今見ると、この細かさは病んでる！」「ふたり目以降はもう感覚で……」といった感想を添えてくれました。**経験を積み自分の中に基準ができてはじめて、育児記録にも余白ができてくるわけです。逆に言えば、育児の経験値を積むまでのママには、育児記録どころか、心の中にも余白の入り込む隙間などありません。**

また出産というのは、自分の身体の中から赤ちゃんが外に出る、という体験でもあります。その瞬間、ママが目にするのは、ひとりの人間の「限りなくゼロの状態」です。これからこの子の触れるもの、聞くもの、見るもののすべてが、この子を作り上げていくんだなぁ、という状態を目撃するのはかなり衝撃的な経験です。

すると、不思議とこのクリーンな状態を保ちたいという気にさせられるもので、強い責任感にスイッチが入ってしまいがちです。

私は出産後、病院判断でミルクも飲ませることになった時「あぁ、早速人工物が入っちゃったなぁ」と感じたのを覚えています。世の中の母乳信仰が強めだったせいもあるかもしれませんが、なんだか赤ちゃんに「異物」が入ったような感覚でした。出産を機に、オーガニックや自然由来といったキーワードに敏感になるママが多いのもわかるような気がします。

それと同時に、赤ちゃんを「清潔にさせておかなくては」という強迫観念もレベルアップしがちです。「新生児は抵抗力が弱い」とどこを見ても書いてあるので、もともといい加減だった私ですら、やたらと手を洗うようになっていました。どこまでが正しい感染防止の行為で、どこからが行き過ぎた潔癖傾向なのか判断が難しいところですが、「ほどほど」のラインを越えてしまうママもいることでしょう。

ホルモンバランスは変化するけれど

産後精神的に不安定になる原因としてホルモンバランスの変化もあります。「身体編」でお話を聞いた文京学院大学の市川先生によれば、その変化はとても大きなものです。「妊娠で過去最高に高くなった女性ホルモン（エストロゲン・プロゲステロン）の値が、出産後一気に落ち、この下がり幅は、通常月経で経験したり更年期で直面する落差とは比べ物になりません。まさにジェットコースター級。この急激な減少で、イライラしたり涙もろくなったりという気持ちの変化や、髪が抜けたり肌の調子が変わったりなど身体の変化が出ます」

こうしたホルモンバランスによる作用は生理的なものなので、予期して受け止めうまく受け流すことが大切だそうです。

他にも出産で変化するホルモンはあり、それらのカラクリが話題になり注目が集まることも増えました。こうした作用を知識として知ることは、各症状をやり過ごすための気の持ちようとして大切な武器になりそうです。

ただし、ホルモンバランスの変化は、女性が産後に直面する大量な環境変化のうちのひとつでしかありません。**なんでもホルモンバランスだから……と魔法のように包み込んでしまうことは、本来対処すべき別の問題を見過ごしてしまうことにもつながります。**身体の不思議なカラクリは知識として理解しつつ、すべてをホルモンバランスのせいにしてしまうのは避けて欲しいと思います。

パパに期待するのはこんなこと！

パパから見れば、ママは育児についてやたら自信があり、知識も豊富に見えるかもしれませんが、実は不安と緊張でいっぱいです。その不安な気持ちを共有することはパパの大切な役割。もしかすると、「妻はなんで結論の出ていることをずっと話しているんだろう」と感じることが多いかもしれません。そういう時は、ママが伝えたい主題は話している内容そのものではなくて、「不安な気持ち」「プレッシャーの重さ」「疲労感」なのだというふうに翻訳して聞いてみてください。問題を解決するのではなく、そうした気持ちをただいっしょに受け止めることが、ママにとっては大きな安心につながるのです。

産後数ヶ月なんて会社で怒られてもいいので、こっそりスマホのメッセンジャーをひたすらチェックするのもいいでしょう。ママからの話をダラダラと聞き続けるのは、不安や疲労に寄り添う立派なサポートです。新しい家族を迎えたばかりの大切な時期くらい、多少仕事の効率なんて落ちてもよいのではないでしょうか。

また、これだけ心配と緊張の張り詰めているママですから、パパが赤ちゃんをひとりでみるようなシーンでは、過剰に心配して細かく指示・指導してしまうことがあると思います。そういう時は、「どうにかするから、細かく準備してくれなくても大丈夫だよ、信用して」と、ママの不安ごと奪い取るつもりで安心させてあげてください。パパなりのやり方で乗り切れることがわかれば、ママが「自分でないとダメ」という思い込みもやわらぎ、重圧が少し軽くなるはずです。

環境の大激変はストレスの大量発生源

ここまで、時間編、身体編、社会編、精神編の4つの領域にわけて、「ママになる」ことで生じる環境変化を見てきました。これらの様々な変化が一度に、ごく短期間のうちに押し寄せた結果、ママたちは強いストレスにさらされます。それをもう少し客観的な視点で見てみましょう。

ライフイベントでストレス点数を計ると

生活の中で経験する様々な出来事（＝ライフイベント）には、結婚のようなプラスイメージのものもあれば、失業のようなマイナスイメージのものもあります。中でも、個人の環境を大きく変化させるようなライフイベントは、時に大きなストレスとなり、その変化に適応するには大変な努力とエネルギーが必要になります。

心理学では、このライフイベントに注目してストレスを点数化した「社会的再適応評価尺度」（SRRS：Social Readjustment Rating Scale）という値が知られています。43のライフイベントをリストアップし、調査を元にそこから受けるストレスを数値化したもので、1967年にアメリカで発表されました。

このSRRSの項目を日本の実情に合わせて改善し、「勤労者」「大学生」「主婦」に分けて調査し、ストレス度を点数化したものが、1993年に夏目誠氏、村田弘氏によって作成され、『ライフイベント法とストレス度測定』として報告されています。

早速、主婦のストレス得点の一覧を見てみましょう。「結婚」によるストレスが50点と設定され、そこを基準に0~100で点数がつけられています。

試みに、産後1ヶ月時点くらいの女性を想定して、1年間に経験したであろうライフイベントにすべてチェックをいれてみました。結婚して引っ越しいっしょに住み始め、すぐに妊娠し、出産を期に育休に入ったという設定にします。どんどんチェックが入り、経験したライフイベントのストレス得点は合計948点にもなりました。(P83表)

この研究では、「勤労者」版の調査で、個人のストレスの総量を計るために、対象者それぞれが過去1年間に経験したライフイベントの合計点を調べました。そして、健常グループと職場のストレスで診察を受けたグループとを分けて比較検討した結果、その合計得点が600点以上だと「高ストレス状態」だと考えられると結論づけています。

「勤労者」版の調査の数字を「主婦」版で単純に参考にすることはできませんが、産後の女性を想定してカウントした948点という数字が、かなりの高得点であることがわかります。**女性の妊娠出産にともなう1年間というのは、こうして短期間に大量なライフイ**

主婦のストレス得点のランキング

順位	項　　目	点数
1	配偶者の死	83
2	離婚	75
3	夫の会社の倒産	74
4	子供の家庭内暴力	73
5	夫が浮気をする	71
6	夫婦の別居	70
7	自分の怪我や病気	69
7	親族の死	69
9	嫁・姑の葛藤	67
10	夫がギャンブルをする	66
11	家族の健康や行動の大きな変化	64
12	友人の死	63
12	多忙による心気の過労	63
14	法律的トラブル	61
14	近所とのトラブル	61
16	上司とのトラブル	60
16	300 万円以上の借金	60
18	収入の減少	59
18	親族とのトラブル	59
20	夫の単身赴任	58
21	親との同居	57
22	労働条件の大きな変化	56
22	転職	56
22	話し相手がいなくなる	56
25	睡眠パターンの大きな変化	55
25	家族メンバーの大きな変化	55
25	夫婦げんか	55
25	夫の定年退職	55
25	住宅環境の変化	55
30	引越し	54
30	仕事を辞める	54
30	子供の受験勉強	54
33	妊娠	53
33	息子や娘が家を離れる	53
33	PTA や自治会の役員になる	53
36	性的問題・障害	52
37	軽度の法律違反	51
37	夫の転勤・配置転換	51
37	300 万円以下の借金	51
37	乳幼児の養育	51
41	結婚	50
42	子供の成績が下がる	50
43	住宅ローン	49
43	子供が新しい学校へ変わる	49
43	教師・保母との人間関係の変化	49
46	家族との会話の減少	48
47	食生活における大きな変化	45
47	体重が増加	45
49	自己の習慣をかえる	43
50	レクリエーションの減少	42
51	個人的な成功	38
52	自分の昇進・昇格	37
53	体重が減少	36
54	長期休暇	34
54	技術革新の進歩	34
56	夫の昇進・昇格	33
57	近所の人との和解	32
58	夫婦の和解	31
58	レクリエーションの増加	31
60	子供が志望校に合格	30
60	話し相手が増える	30
62	家族との会話の増加	29
63	収入の増加	28
63	子供の成績が上がる	28

産後 1 ヶ月程度の女性が過去 1 年で
経験するライフイベントを想定して
チェック（網掛け部分）。

＝合計 948 点

出典：国立公衆衛生院 公衆衛生研究 第 42 巻第 3 号「ライフイベント法とストレス度測定」（夏目誠・村田弘）1993 年

ベントにさらされているわけで、その環境変化だけで相当ストレスの高い状態だということがわかります。

職場のストレスチェックを育児で試すと

女性における産前産後の環境変化を職場の環境変化によるストレスに置き換えると、パパにはもう一歩リアルに感じられるかもしれません。職場のメンタルヘルス対策の情報をまとめた厚生労働省の「こころの耳」というウェブサイトに、「5分でできる職場のストレスセルフチェック」というコーナーがあります。

このチェックを、「仕事や職場の状況」を「育児と家庭」に置き換え、また、「上司や同僚との関係」を「夫や親族との関係」に置き換えて、新生児育児中のママの状況をイメージしてやってみました。

例えば、「STEP1　仕事について」はこんな設問で始まります。

「非常にたくさんの仕事をしなければならない」↓そうだ
「時間内に仕事が処理しきれない」↓そうだ
「一生懸命働かなければならない」↓そうだ
「かなり注意を集中する必要がある」↓そうだ

「高度の知識や技術が必要なむずかしい仕事だ」↓ややちがう
「勤務時間中はいつも仕事のことを考えていなければならない」↓そうだ
「からだを大変よく使う仕事だ」↓そうだ
「自分のペースで仕事ができる」↓ちがう

これだけでも新生児の育児というものが、会社での仕事に例えると、相当にきつい状態だということがわかるでしょう。

私が想定して育児の状況に置き換えただけですが、最後までチェックしてみた結果は、「あなたのストレス状況はやや高めな状態にあることが窺われます」というものでした。そして、「あなたの現在のストレスの原因となりうる因子：イライラ感・疲労感が高く、身体愁訴が多いようです」「ストレスの原因となりうる因子：仕事の量的負担、身体的負担度が高いようでした」と続きます。コメントには、「もう一度自分の仕事量を見直し、上司、同僚と仕事内容について相談することをお勧めします」「勤務時間外や休日はなるべく仕事を持ち帰らずリフレッシュに努めましょう」等々、ママのワンオペだとしたら実現不可能なことばかりが並びます。

新生児の育児にひとりで取り組んでいるママの状況は、ただそれだけですでにストレスの高いオーバーワークの状態である上、仕事のように就業時間が区切られることもなく、

帰宅後や週末にリフレッシュすることすらできないので、それを解消する手段がありません。これは相当危険な状態でしょう。

ハッピーなイメージで包み込まないで

ところが、こうした危機的状況がなかなか見えてこないのが産後育児期の特徴です。ママ自身は変化の渦中にいすぎて環境の激変を自覚しきれないうえ、日中、家を空けているパパには直接見えていないことが多すぎて、危機の把握が遅れてしまいます。

例えば大きな病気や怪我で入院するようなことになった場合、周囲も無理をさせないよう気を配り、痛みやつらさに共感しようとしてくれるでしょうが、出産は違います。基本的にはお祝いムードに包まれたハッピーなライフイベントなため、その陰でママが緊急事態に陥っていることは、なかなかイメージできません。

ワークショップで産後の変化を振り返ると、「大変だって言ってよかったんだ。みんな同じようなことで困ってたんだと知って気が楽になった」と、ちょっぴり涙目になるママもいます。

妊娠・出産のポジティブな面にしか目がいかない周囲の認識と、妊娠・出産にともなうネガティブな面に孤独に向き合うママとの間には大きなギャップがあるのです。

まずは、ママ自身もパパも、産後のママの環境変化は、それだけで危険な高ストレスレベルなのだということを自覚してください。

そのバージョンアップは今必要？

妊娠がわかり子どものいる家族になることがわかると、夫婦ともに新たな生活のイメージが大きくふくらむものです。そのため、出産の前後に合わせるかのように、車の購入や新居への引っ越しなど、新しい生活の充実に向けて動きがちです。中には、仕事へのやる気が高まったパパが転職の検討を始めた、なんていう話も聞きます。

どれもとてもポジティブなアクションではありますが、そうした大きな決断にはコストもエネルギーもかかるので注意が必要です。ただでさえ、妊娠・出産という大きなライフイベントに直面し、ストレス値が高まっている時期に、新たなライフイベントをわざわざぶつけているようなものです。

私が産後女性の生活環境の激変に注目し、ワークショップの組み立てを検討している頃、早稲田大学文学学術院文化構想学部教授でライフコース研究や家族社会学を専門とする大久保孝治先生にお話を聞き、いくつかのヒントをもらいました。

先の「社会的再適応評価尺度」を知ったのも先生とのお話からで、ライフイベントの重さを確信するきっかけになりました。大久保先生は個人のライフストーリーから社会構造を紐解く研究をしていて、参与観察ともいえるご自身のブログでは、長年にわたり日常生活やライフイベントを文章化し、日々記録しています。

先生は卒業生との親交が深く、結婚や転職のような人生の転機や大きな決断の報告を聞くことも度々ありますが、そんな時、例えば「引っ越しと転職と結婚が全部同時というのは大変ですよ」とアドバイスすることもあるそうです。単なる人生の先輩からの言葉のようでいて、実はこれは専門家からのアドバイスなわけで、大変説得力があります。

実際に私が聞いた、産後間もなく引っ越しをしたとか、新生児期に夫が転職してさらに激務になったというママたちのエピソードには、たいてい「なんでよりによって今それを……」とか「大変すぎてよく覚えていない」という悲痛な本音が添えられています。

もちろん、ママも是非そうしたいと思っているなら楽しく検討できるかもしれませんが、もしパパだけが先走ってしまっていたなら……。ふたりの間の「前向き」具合にずれが生まれてしまっている可能性があります。赤ちゃんが生まれる喜びは当然ですが、それに合わせて「なんでもかんでもバージョンアップしないと！」と慌てて大きな変化を重ねてぶつけるよりも、まずは子どもが生まれるだけでも「緊急事態」だと知り、ふたりの共通認識にしてください。それが「ふたりで同時に親になる」大切なスタートになります。

第3章

パパのリアル、パパの事情

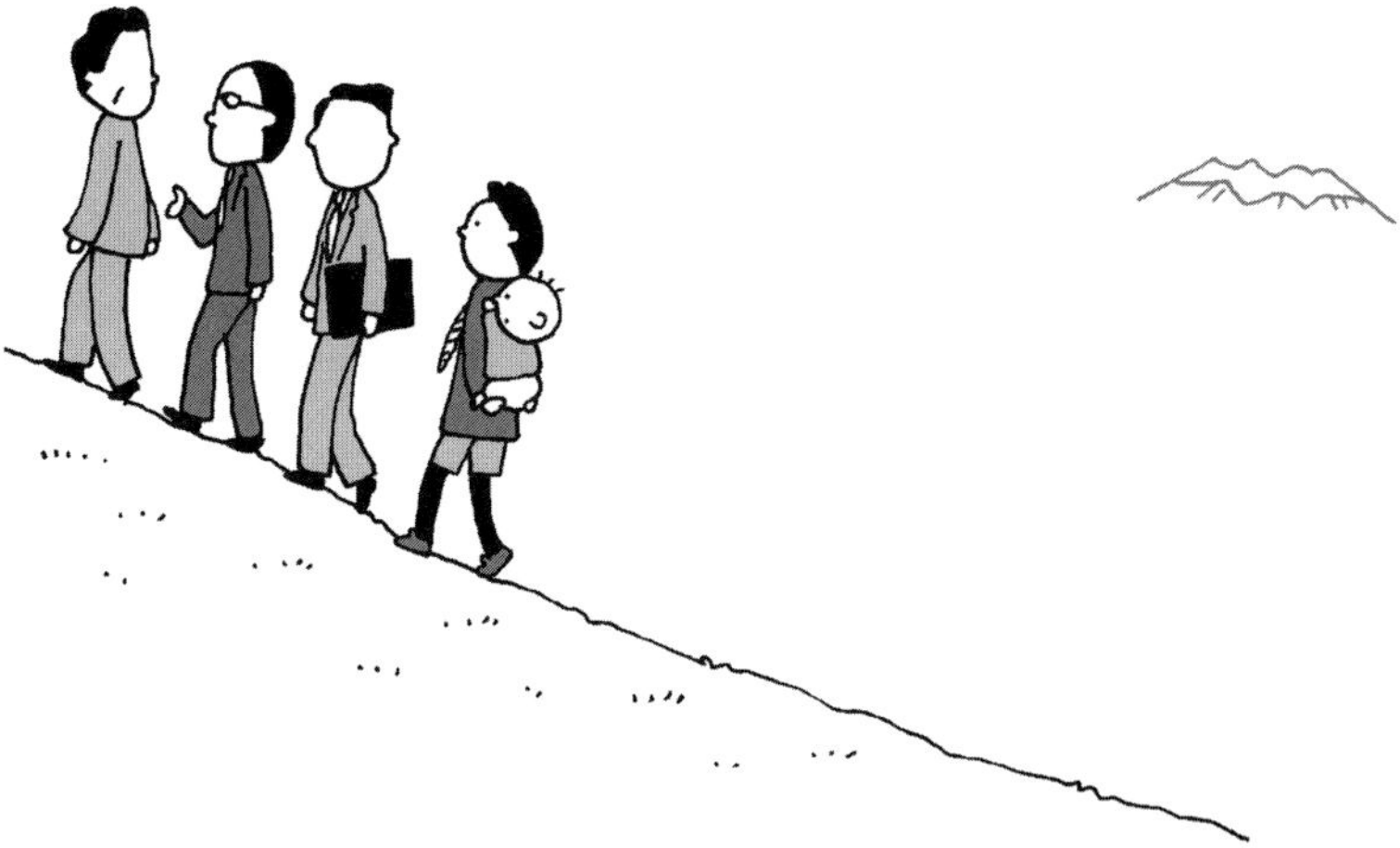

ママの産後が、環境の大激変である一方で、パパの方はどうなっているでしょう。小さな赤ちゃんに出会う瞬間はママもパパもほぼいっしょ。ママも本当は戸惑っているのに、なぜ男性だけがいつの間にか「親」としての自覚がうすいなんて言われるようになってしまうのでしょうか。パパたちのリアルを見ていきましょう。

パパは育児現場に出てきたけれど

町中の育児シーンにパパたちは確実に進出してきています。車輪の小さな「ママ仕様」の自転車にまたがり子どもの送迎をし、だっこやベビーカーで単身外出をするパパの姿も珍しくなくなってきています。一方で、こうしたパパたちの変化とママの気持ちの間にはまだまだずれがあるようです。

ナチュラルパパが増えてきた

10年前と比べて、育児現場でのパパの存在感は明らかに大きくなりました。以前は公園や図書館などで見かける親子連れの中ですら圧倒的に「少数派」だったパパですが、今では保育園の送迎はもちろん、幼稚園のバス待ちの場面でも、その姿を普通に見かけるようになってきました。

以前公園で見かけたパパたちは、アウェイな環境ならではの自意識が働き落ち着かなさそうにしているか、逆に、育児のシェアに強い使命感をもってとても真面目に張り切っているかどちらかが多いという印象でした。

でも今、公園で子どもと遊ぶパパたちの姿はもっと自然で、保育園つながりらしき知り合いのママたちとも気軽に会話を楽しんでいるように見えます。妊婦検診や新生児向けの育児イベントなどでも、「ママとパパがいっしょ」というのが、ごく普通の光景になっています。

そこには「やらされ感」もなければ、「過剰な自意識」もなく、パパたちが日常の光景として育児に携わっている様子が見てとれます。にもかかわらず、まだ多くのママたちには言葉にできない「もやもや」があるようです。

「イクメン」はすでに微妙なキーワード

１９９９年、当時の厚生省は少子化対策の「新エンゼルプラン」を策定し、男性の育児参加を啓蒙し始めました。それまでの育児のイメージとは遠いタイプの有名人をポスターのモデルに起用し、「育児をしない男を、父とは呼ばない」というコピーを掲げて話題になったことが知られています。

その後、２０１０年には厚生労働省が「イクメンプロジェクト」をスタート。この年は「育児・介護休業法」の改正で「パパ・ママ育休プラス」など、父親が育休を取りやすくなる制度が施行された年で、厚生労働大臣も「イクメン」という言葉を積極的にＰＲし、年末には「イクメン」が新語・流行語大賞のトップ10に入るほどの広がりをみせます。

ところがこのイクメンプロジェクト、そのコンセプトは「イクメンとは、子育てを楽しみ、自分自身も成長する男のこと」とあり、あくまでも、育児参加をすることで、パパたちが明るく生き生きと成長できるというイメージでした。

もちろん、男性の家事・育児参加を促すことは一歩前進なのですが、こうした「イクメン」像が強調されればされるほど、ママたちの「もやもや」とした違和感が強まっていったのも事実です。

育児というのはもっと日常にべたっと張り付いているもので、眠くて、痛くて、汚くて、臭くて、暑くて、寒くて、イライラするもの。育児のほんの一部をやるだけで「イクメン」を名乗る男性の出現や、それらを手放しで持ち上げる風潮に疑問を感じるようになったのです。

ママたちのそうした気持ちは、スマートフォンやSNSの普及とシンクロするように徐々に拡大していきます。「パパが育児・家事をやらない」ことへの不満は、「パパだってやるのが当たり前なのに！」という不満に微妙に変化します。さらに現在では、「わざわざ『イクメン』とか言うこと自体がおかしい、それ、普通の『父親』でしょ？　当たり前でしょ？」というのが、ママ世論の中心だと思ってよいでしょう。

このように、多くのパパがまだまだ育休すら取れずに足踏みしているうちに、パパを取り巻くママたちの「常識レベル」は大きく上がってしまいました。子どもを公園につれて行くだけで「イクメン」と呼ばれたり、「おむつ変えた」「お風呂入れた」「ミルク飲ませた」とSNSに投稿するだけで「いいね！」をもらえた時代はとっくに過ぎてしまったのです。

もはや「イクメン」という言葉は、「男が育児をやることを特別視するな！」という否定的な視点で受け止められることの方が多くなってきました。「何それ、イクメンアピール？」と揶揄《やゆ》に使われたり、「私は／俺はイクメンという言葉はおかしいと思うから使わない！」という主張に使われることの方が増えていて、無邪気に「イクメンでいこう！」といったムードで使える言葉ではなくなってきています。

こうした空気の加速度的な変化の中、育児に「併走」できているつもりのパパたちですら、ママとの間に周回遅れのずれができてしまっているかもしれないのです。

そんなふうに遅れを取ってしまうのには、それなりに理由があるはずです。ここからは、パパたちが周回遅れになってしまう原因ともいえる「パパなりの」事情や現実を、（1）時間がない（2）必要ない（3）しかたないの3つの「ない現実」に分類して整理してみましょう。

[ない現実1] 時間がない〜育児どころじゃない?

育児の現場で見かけるパパの姿が大きく変化してきているのにもかかわらず、各種のデータを見てみると、まだまだパパが育児に時間をかけられていないのが現実です。育休や時間の使い方の数字からは、パパたちの隠れた気持ちも見えてきます。

パパの育児休業取得の実態

「平成28年度雇用均等基本調査」(厚生労働省)によれば、平成28年度の育児休業の取得率は、女性が81・8%なのに対し男性は3・16%。どうみても、育休を取っているのは、ほぼ女性です。育休を取得しているパパは100人に3人程度しかいないというのは外で見かけるパパたちの積極的な姿に対して、体感的にはあまりにも少ない印象を受けます。この調査では事業所に対して「育児休業」を開始した人の数を聞いていますが、現実には育児休業制度を使わずに、有給休暇など他の休暇を使っている人もいるでしょう。

ベネッセ教育総合研究所の「第3回　乳幼児の父親についての調査研究レポート」では、2014年に実施した父親への調査データを元に、育児休業に限らず妻の出産前後に父親がどれくらい休暇を取得したのかを分析しています。(P95グラフ)

父親の出産・育児のための休暇取得状況

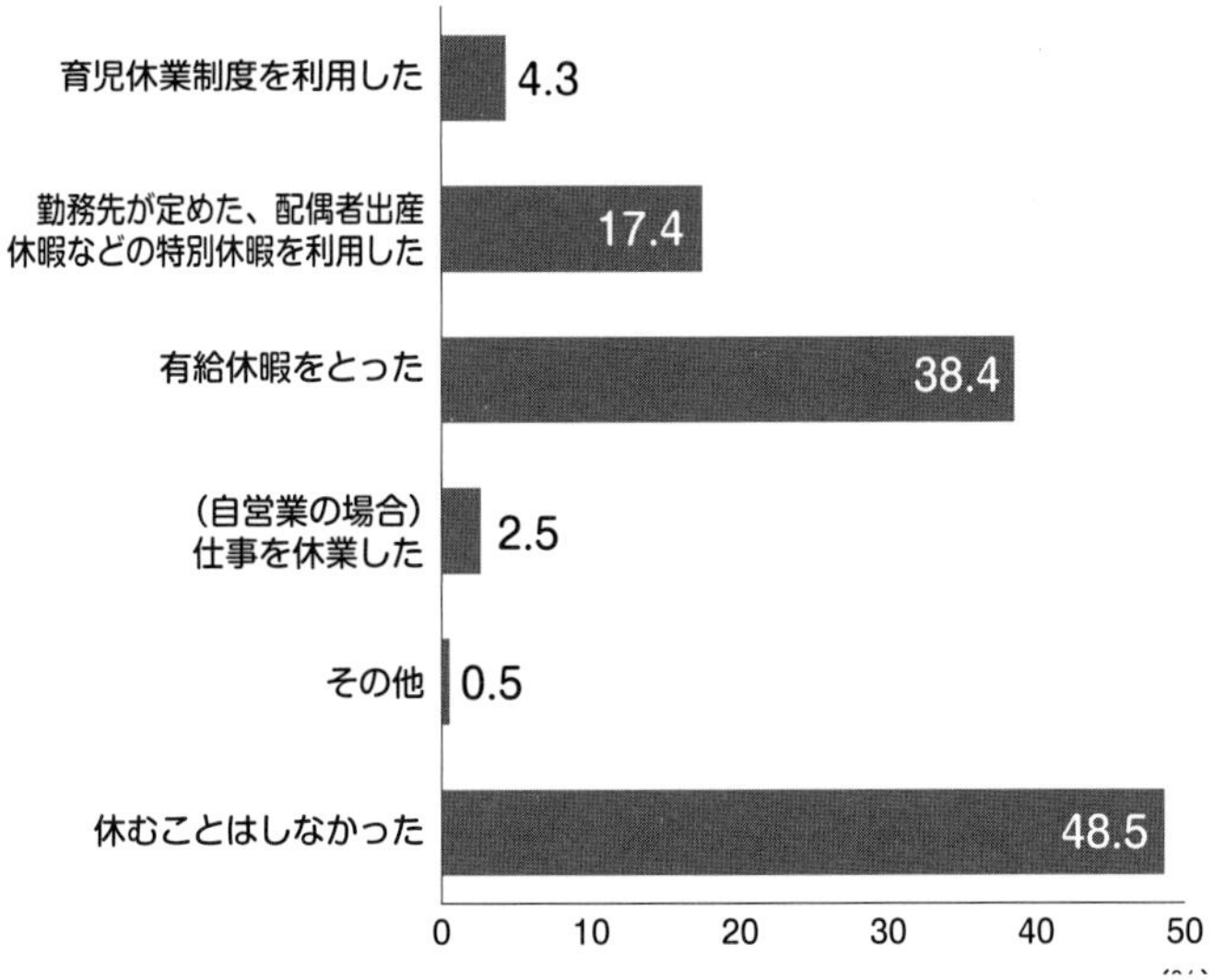

注）複数回答
注）対象の子どもの出産前後から１歳２ヶ月までの間の出産や育児のための休暇についてたずねた。
父親がこの期間に働いていなかった場合は「休むことはしなかった」を選択

出典：ベネッセ教育総合研究所「第３回　乳幼児の父親についての調査研究レポート」2016年
(調査データは2014年)

その結果、「休むことはしなかった」を除く51・5％の父親が、なんらかの形で休暇を取っていることがわかりました。なんと半分以上です。休暇の取得状況は、複数回答で「有給休暇をとった」がいちばん多く、「勤務先が定めた、配偶者出産休暇などの特別休暇を利用した」が続きます。「育児休業制度を利用した」はやはり少なく4・3％。**育休の取得率を見れば「まだまだ」という感は否めませんが、それでも約半数の男性が、妻の出産を理由として会社を休んでいるのです。**

その育休は誰のため？

なんだ、それなりに男性も休みを取っているのなら別にいいじゃないか……と思いそうになりますが、その実情は手放しで歓迎できるものではありません。休んでいる期間が驚くほど短いのです。

まず、育休取得者の場合を見てみましょう。「平成27年度雇用均等基本調査」（厚生労働省）によると、過去1年に育児休業を取得して復職した男性の育休取得期間は、多い方から「5日未満」が56・9％、「5日〜2週間未満」が17・8％で、全体の8割以上が1ヶ月未満です。「1ヶ月〜3ヶ月未満」が12・1％いるのはせめてもの救いですが、正式な育児休業を利用している人でも、このようにかなり短い傾向です。

次に育休に限らず何らかの休暇を取った人の場合はどうでしょう。先ほどのベネッセ教育総合研究所のレポートによると、最も多いのが「3日」で20・0％、次いで「5日」が17・7％。全体の約7割が「7日」までの範囲におさまっています。（P98グラフ）

数日間の休みでできることとなると、せいぜい出産に立ち会うとか、数日間病院の妻と赤ちゃんの元に通うくらいのことしかできません。それこそ、幸せを噛みしめながらSNSに写真をアップするくらいが関の山。どこか「イベント的」な発想です。

出産に立ち会うから、お祝いだから、という理由でイベント的に休むこと自体はもちろん否定しませんが、育休というのは、家庭の戦力として動くために作られた休業制度です。退院したママが赤ちゃんと自宅に戻ってきた時に、貴重なマンパワーとしてパパが活躍するための休みです。休みというよりも、家で働く必要があるから会社の仕事を免除してもらえる仕組みと思った方がいいでしょう。育休を単なる「イベント」ととらえるか、それとも、家庭の貴重な戦力となる「協業期間」ととらえるのかは大きな違いです。

これから「最も人手が必要」という時に、パパがさっさと「イベント的な育休」を終えて仕事に戻ってしまい、結局は何の戦力にもならなかった、なんてことは、笑い話ではすみません。「戦力としての育休」を取るという意識で、取得の時期や期間をふたりで考えておかなければ、せっかく取った育休は生かされないでしょう。

父親の出産・育児のための休暇取得日数

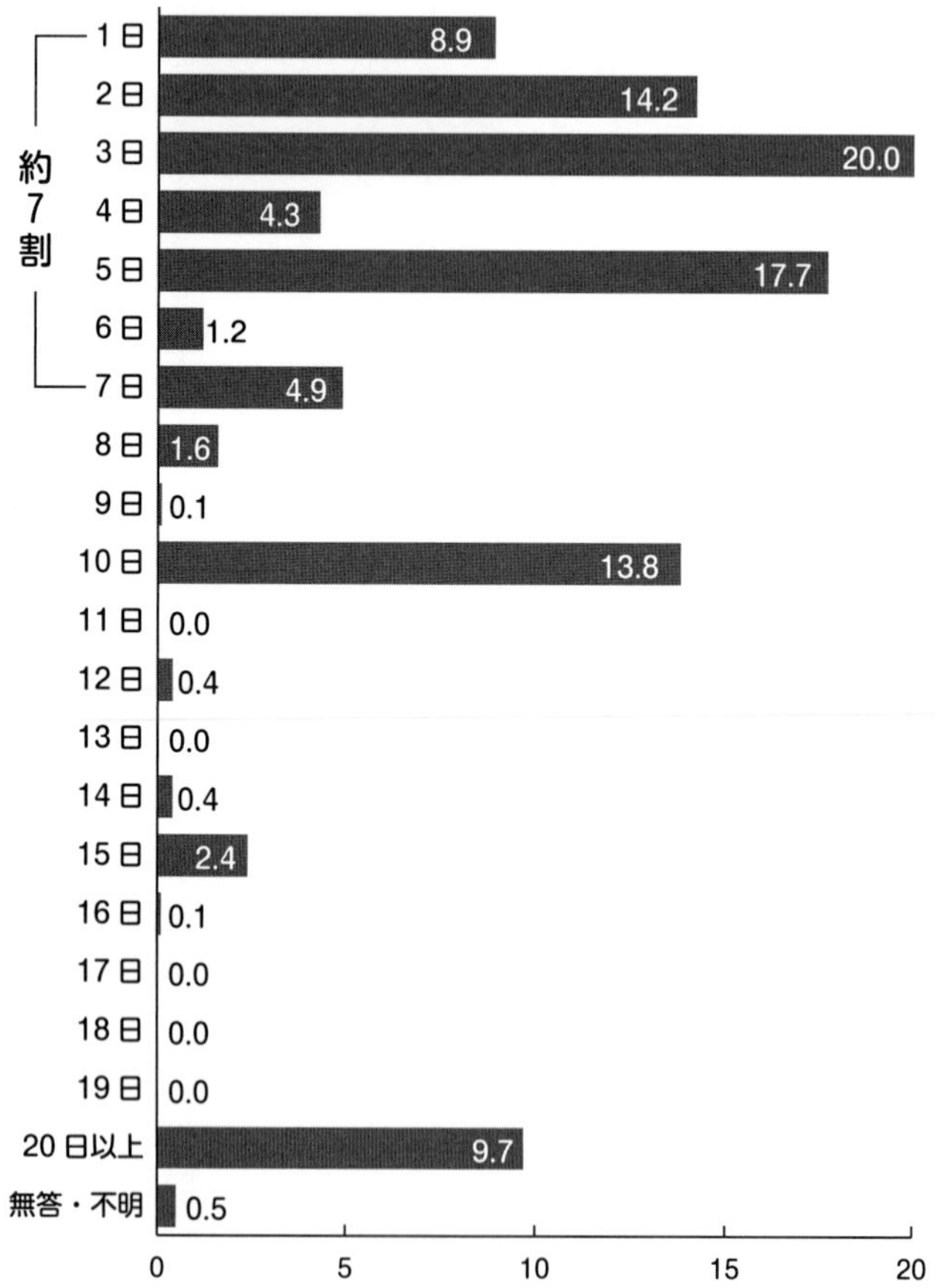

注）休暇を取得した父親のみ

出典：ベネッセ教育総合研究所「第３回　乳幼児の父親についての調査研究レポート」2016年（調査データは2014年）

なぜ日本人男性だけ家事時間が少ないのか

男性に仕事が偏り、女性に家事育児が偏っているのは日本に限ったことではありません。でも、その偏り方が日本の場合はとても極端です。「平成23年社会生活基本調査」（総務省統計局）に掲載された「生活時間配分の各国比較」から、６カ国分を取り出して見てみます。（Ｐ１００表）

一見して、日本の男性だけが「仕事と仕事中の移動」が突出して長く「家事と家族のケア」が極端に短いのがわかります。国により定義が違うので単純に比較できないとはいえ、ずいぶんな違いです。

「家事と家族のケア」に使う時間を夫婦セットにして見てみると、何が見えるでしょうか。試みに夫と妻の「家事と家族のケア」時間を国ごとに足してみました。すると、いちばん短くて日本の8時間18分、長くてもドイツの9時間11分と、どの国も大差はありません。各国夫婦セットにしてみれば、8～9時間は「家事と家族のケア」に時間を使っているというわけです。けっして日本だけが無駄に長い時間を家庭に費やしているわけではありません。

ところが、夫と妻の「家事と家族のケア」時間の比率を出してみると、他のどこの国でも夫の担当が30％台程度なのに対し、日本だけが夫15％、妻85％と妻側に大きく偏ってい

夫と妻の時間の使い方国際比較

行動の種類別総平均時間－週全体、末子が6歳以下(日本, アメリカは5歳以下)の夫・妻

(時間. 分)

			日本	アメリカ[*1)]	ドイツ	フランス	スウェーデン	イギリス
夫	個人的ケア		10.42	10.09	10.18	11.28	9.57	10.00
		睡眠	7.53	8.20	7.53	8.32	7.49	8.12
		身の回りの用事と食事	2.49	1.49	2.25	2.56	2.09	1.48
	仕事と仕事中の移動		7.57	5.20	4.32	4.55	4.53	5.33
	学習		0.03	0.12	0.03	0.02	0.09	0.03
	家事と家族のケア		1.16	3.16	3.00	2.30	3.21	2.46
	自由時間		2.36	4.44	4.39	3.53	4.09	3.58
		ボランティア活動	0.01	0.13	0.12	0.12	0.10	0.06
		他の自由時間	2.35	4.31	4.27	3.41	3.59	3.53
		うちテレビ	1.28	2.12	1.43	1.58	1.46	2.03
	移動		1.23		1.23	1.09	1.23	1.31
		うち通勤	0.50		0.32	0.34	0.24	0.39
	その他		0.03	0.19	0.05	0.03	0.07	0.09
妻	個人的ケア		11.08	10.34	10.51	11.39	10.30	10.20
		睡眠	7.58	8.44	8.17	8.48	8.10	8.25
		身の回りの用事と食事	3.10	1.49	2.34	2.51	2.19	1.56
	仕事と仕事中の移動		1.49	2.58	1.12	2.13	2.17	2.00
	学習		0.04	0.19	0.04	0.02	0.19	0.04
	家事と家族のケア		7.02	5.37	6.11	5.49	5.29	6.09
	自由時間		2.40	4.17	4.18	3.13	3.59	3.44
		ボランティア活動	0.02	0.13	0.09	0.05	0.05	0.07
		他の自由時間	2.38	4.04	4.09	3.08	3.53	3.38
		うちテレビ	1.26	2.00	1.18	1.35	1.30	1.46
	移動		1.12		1.18	1.01	1.21	1.31
		うち通勤	0.13		0.09	0.13	0.13	0.13
	その他		0.06	0.17	0.06	0.03	0.06	0.11
調査年月			2011.10	2011.1～2011.12	2001.4～2002.4	1998.2～1999.2	2000.10～2001.9	2000.6～2001.9

*1) 世帯内に6歳未満の者がいる世帯の18歳以上の人。移動は関連する行動に含まれている。*2) 学習は学校での学習のみ。注) 国により定義の相違があるため, 比較には注意を要する。出典：日本は「平成23年社会生活基本調査　詳細行動分類による生活時間に関する結果」。小分類レベルでEU比較用に組替えた行動分類による。アメリカはU.S.Bureau of Labor Statistics(BLS), "American Time Use Survey - 2011 Results"　EU諸国はEUROSTAT, "Comparable time use statistics - National tables from 10 European countries - February 2005"

出典：総務省統計局「平成23年社会生活基本調査」(元データは10カ国比較のところ6カ国分のみ掲載)

ます。

そもそも、子どものいる家庭で、日々8～9時間分もの「家事と家族のケア」が発生しているというイメージを持っているでしょうか？　特に最近は家事の省力化が話題になり、それだけで乗り越えられるかのように錯覚しがちです。でも、これだけの時間が「必要」だという見積もりをするのがまずは先でしょう。その担当が高ストレス下にある妻だけに極端に偏るのは、ちょっとリスクが高すぎるのではないでしょうか。

もう少し詳細に、日本の夫婦の時間配分を見てみると、さらに驚きの状況が見えてきます。同じ「平成23年社会生活基本調査」で、夫と妻の生活時間を子どもの年齢別、さらに妻が有業か無業かで分けて集計したデータです。こちらは日本の調査基準で分類されています。（P102～103表）

全体的に、末子年齢が低いほど「家事関連（育児を含む）」時間は長い傾向にあり、特に、0～2歳くらいの子育てにいかに多くの時間が必要かということが、数字を見るとよくわかります。そしてその担当が女性に偏っているのがはっきりしています。

注目したいのは、夫の「仕事等」の時間が、のっぺりと長いままなことです。まだまだ子どもに手のかかる1～2歳ではなぜか増えてすらいて、家が育児で大変な時にまで仕事時間を増やしています。さらに、妻が働いているかどうかで比べても、夫の「仕事等」時

（時間・分）

夫が有業で妻が無業の世帯						末子の年齢階級	
1次活動	2次活動	仕事等	家事関連	うち育児	3次活動		
10.02	9.10	8.22	0.46	0.19	4.48	総数	夫
10.01	10.11	8.49	1.22	0.52	3.48	0歳	夫
9.55	10.14	9.03	1.09	0.42	3.51	1〜2歳	夫
9.59	9.46	8.55	0.52	0.25	4.15	3〜5歳	夫
9.52	9.37	9.03	0.35	0.09	4.32	6〜8歳	夫
9.48	9.30	9.01	0.29	0.07	4.42	9〜11歳	夫
9.55	8.54	8.30	0.24	0.04	5.11	12〜14歳	夫
10.18	7.36	7.04	0.31	0.01	6.06	15歳以上	夫
10.18	7.47	0.04	7.43	2.01	5.55	総数	妻
10.06	10.09	0.02	10.06	5.50	3.45	0歳	妻
10.39	9.03	0.00	9.02	4.12	4.18	1〜2歳	妻
10.42	7.59	0.04	7.54	2.34	5.19	3〜5歳	妻
10.22	7.09	0.04	7.04	1.06	6.29	6〜8歳	妻
10.00	7.25	0.05	7.21	0.34	6.35	9〜11歳	妻
9.42	7.19	0.05	7.15	0.13	6.59	12〜14歳	妻
10.04	6.29	0.05	6.25	0.04	7.27	15歳以上	妻

出典：総務省統計局「平成23年社会生活基本調査」

間にはさほど差がないのです。妻が有業の場合はもちろん妻の「家事関連」時間が下がりますが、その分夫の「家事関連」時間が大幅に増えているかというと、その様子は数字にほとんど見えてきません。

家で必要とされる時間が増えたから夫が仕事を減らすとか、妻が仕事をするから夫がその分家のための時間を増やすとか、そうしたマインドの変化が、残念ながらほとんど数字に出てこないのです。夫は以前と変わらず常にマックスまで働き続け、育児のスタートにともなう調整

子どもの年齢別に見た夫と妻の時間の使い方

末子の年齢階級、共働きか否か別生活時間一週全体、夫婦と子供の世帯の夫・妻

	末子の年齢階級	共働き世帯					
		１次活動	２次活動	仕事等	家事関連	うち育児	３次活動
夫	総数	10.00	9.09	8.30	0.39	0.12	4.51
	０歳	10.03	10.23	8.38	1.45	1.17	3.34
	１～２歳	9.45	10.26	9.04	1.22	0.46	4.39
	３～５歳	9.56	9.44	8.53	0.49	0.24	4.20
	６～８歳	9.48	9.34	8.57	0.37	0.08	4.38
	９～11歳	9.49	9.29	8.58	0.29	0.04	4.42
	12～14歳	9.53	9.08	8.44	0.23	0.01	4.59
	15歳以上	10.12	8.22	7.56	0.26	0.01	5.26
妻	総数	9.55	9.27	4.34	4.53	0.45	4.38
	０歳	10.01	10.30	1.13	9.17	5.43	3.29
	１～２歳	10.23	10.22	4.23	6.00	2.37	3.15
	３～５歳	10.25	9.44	4.33	5.11	1.26	3.52
	６～８歳	10.07	9.30	4.32	4.58	0.39	4.23
	９～11歳	9.48	9.27	4.39	4.47	0.19	4.46
	12～14歳	9.29	9.36	4.59	4.36	0.06	4.55
	15歳以上	9.47	9.02	4.48	4.15	0.03	5.11

●１次活動（睡眠、食事など生理的に必要な活動）●２次活動（仕事、家事など社会生活を営む上で義務的な性格の強い活動）●３次活動（１次活動，２次活動以外で各人が自由に使える時間における活動）●仕事等…通勤・通学、仕事及び学業　●家事関連…家事、介護・看護、育児及び買い物

弁は妻まかせ。両者ともに実はオーバーワークなのに、根性だけで対応しようとしているような数字です。

たしかにパパたちが働きすぎで家庭で使う時間が取れていないのは明らかです。でも、こうしてじっくり数字を眺めてみると、「家庭での時間を切望しているがどうしても状況が許さない」というよりも、どちらかというと「家庭のための時間をそもそも必要な時間枠としてカウントしていない」という側面がありそうです。

to MAMA

ママができるアプローチはこれ！

まずはママ自身も、新生児の育児期には育児・家事にかかる時間がとても長く必要だという認識を持ち、パパに「家での時間」を作ってもらうことをためらわないでください。収入面での引け目があると、なかなかパパに「仕事を減らして」とは頼みづらいかもしれませんが、産後の環境の激変はママひとりでは物理的に対応できない、というスタートに立ち、「ひとりでやるのはとても無理だからいっしょにやって欲しい」と率直に伝えることが必要です。

そして、パパが育児や家事に時間を割くようになった場合は、結果を急がないことも大切。ママ自身、育児の多くの作業と判断が慣れと経験で成立していることを自覚していると思います。パパにだって育児や家事に慣れるには十分な時間が必要です。ママはきっと「自分でやった方が早い」と感じるでしょうし、「なんでこんな簡単なことができないの！」と思うでしょうが、慣れるほどやっていないパパにしてみればそれが精一杯なのかもしれない、ということにちょっと想像力を働かせてみてください。慣れないことに取り組んでいる時、横から逐一注意されたら誰だって気が重くなるものです。パパのせっかくの意欲も下がってしまうかもしれません。

［ない現実２］必要ない～パパの優先順位のつけ方

職場の環境や仕事の内容上、どうしても育児や家事に割く時間がない、というパパもたくさんいるでしょう。ただ、会社の「働かせすぎ」だけが原因ではなく、パパ自身の「男の自分がやる必要はないよね」という意識もまだ根強く作用していて、相乗効果となっているようです。

育児休業を取らない理由

もし自分の妻が命にかかわるような大病だとわかったら、きっと多くの男性は、なんとか仕事の都合をつけて妻の介護をしたいと感じるのではないでしょうか？　きっと職場に迷惑がかかるとしても、そんなことは気にしていられない緊急事態だというふうに受け止めるでしょう。

一方「妊娠・出産」の場合はどうでしょう？ 妻の身体も環境もすべてが大きく変わるこの時期を「緊急事態」だと思えているでしょうか？　もちろん「大病」と「妊娠・出産」は同じではありません。ですが、女性とっては「妊娠・出産」にともなう身体のダメージとその他の環境の激変は緊急事態級です。男性がこの時期をさほど重く受け止めていないことが、育児休業取得を妨げる理由のひとつになっていそうです。

先ほども紹介したベネッセ教育総合研究所のレポートで、育児休業制度を利用しなかった理由を分析しているので見てみましょう。（P107グラフ）

結果は、複数回答で多い順に、「忙しくて取れそうもないから」「職場に迷惑をかけるから」「前例がないから」と続きます。意外にも消極的な理由です。もっとあからさまなパタニティハラスメントが壁になっているのかと思いきや、「昇進にさしつかえるから」「会社で居場所がなくなるから」といった強い理由はかなり少ないのです。

もし、「緊急事態」だと感じていたら、「取れそうもない」とか「迷惑をかける」という遠慮まじりの消極的な理由で踏みとどまっている余裕はないでしょう。「（理由が）特にない」という、そもそも検討課題にすら挙がっていない回答も2割強あり、どうも、声を上げる前に自ら身を引いている姿が見えてきます。

NPO法人ファザーリング・ジャパンが実施した、「隠れ育休調査2015」では、育児休業を取りやすくなる条件と環境をパパたちに聞いています。回答をひとつだけ選ぶ設問での上位3つは「妻の妊娠を伝えると上司が必ず『育休はいつ取る？』と確認し、取得できる環境を整えてくれる」29・3％、「妻の妊娠を伝えると人事部（会社）が必ず『育休はいつ取る？』と確認し、取得できる環境を整えてくれる」14・6％、「子どもを授

育児休業制度を利用しなかった理由

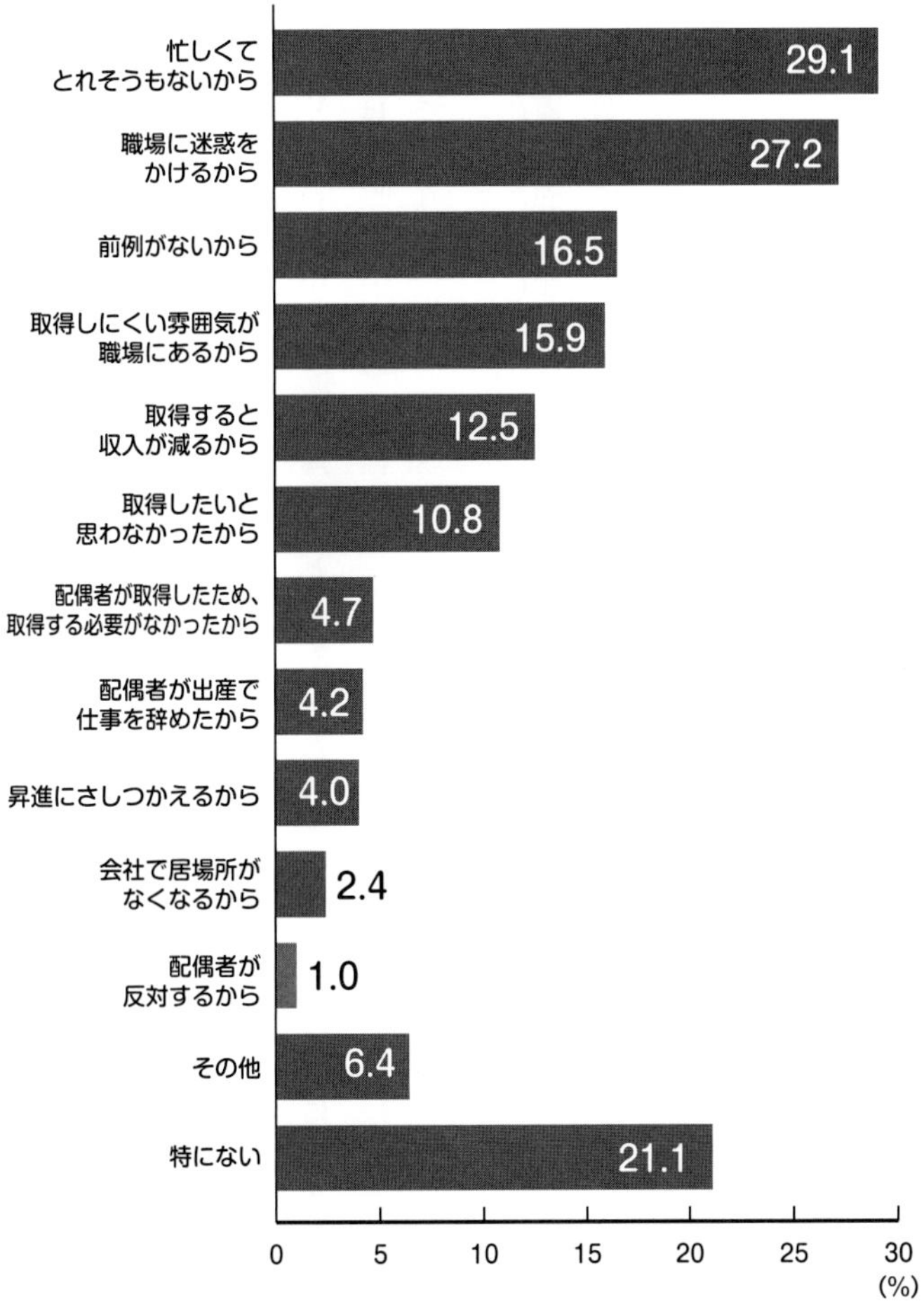

注）育児休業制度を利用しなかった父親のみ。
注）あてはまるものを 3 項目まで選択。

出典：ベネッセ教育総合研究所「第 3 回　乳幼児の父親についての調査研究レポート」2016 年
（元データは経年比較のところ 2014 年分のみ掲載）

かった日本の男性は全員、希望の日数の育休（有給含む）を『父親時間』として取ることになっている」14・1％でした。

「会社がお膳立てしてくれれば取りやすいんだけど」「みんないっしょということでルール化してくれればね」という気持ちはもちろんよくわかりますが、なんとも消極的です。このどこか他力本願な態度は、パパの「育児参加」の意識が低いからというよりもむしろ、**「危機的状況」だという認識が薄く、どこか「まあ、わざわざ男が仕事に穴をあけるほどのことではないよね」と思っている様子がうかがえます。**ママの現実とはかなりのずれがありそうです。

仕事への責任感が強すぎる!!

パパの関心が一方的にうすいというわけではなく、むしろ子どもがいることへの責任感が強いが故に、「必要なこと」の優先順位を家庭には向けられないという状況もあります。

ある時、SNSで知人のこんな書き込みを見ました。お子さんが七夕の短冊に「パパのとうちょくがへりますように。おしごとから早く帰ってこれますように。休みの日にいっしょにあそべますように」と書いていたというのです。

育児にも子どもとの遊びにも積極的な印象のパパですが、職業柄、激務で不規則な勤務も多い忙しいパパでもあります。書き込みはこう続きます。「自分ではできるだけ時間を作っているつもりだっただけに結構痛かった。業績が上がらない言い訳に子どもや家族をしたくないと、そう思ってきたけれども、そう思うこと自体が、『一人ブラック企業』なのだろうか……」

男性が、子どもがいるからこそ仕事にさらに力を入れてしまうという構造は、なるほどこういうことなのか、と納得した瞬間でした。だからこそ、もっと仕事をがんばろうとするパパの自然な気持ちが真っ直ぐに伝わってきました。

現在の子育て世代が子どもの頃は、男性がひとりで稼いで一家を支えるという「男性稼ぎ手モデル」がまだまだ主流だった時代です。仕事に家庭の事情を持ち込むのは格好悪いし、プロ意識に欠けるという感覚が支配的でした。

子どもが生まれた若い社員が、飲み屋で上司から「一家の大黒柱なんだから子どものためにもがんばって働かないとな」なんて激励されながら酔っ払うというシーンが、「微笑ましい祝福」として成立していた時代です。大人になり、自分が仕事をする段階になって「業績が上がらない言い訳に子どもや家族をしたくない」という思いが強まるのも不思議はありません。**そして、仕事モードに入ったパパにとっては、「仕事で結果を残すことが父親の最大の責任」となり「必要な役割」。必然的に、家庭に関わることの順位が下がっ**

てしまうだけなのでしょう。

SNSの書き込みに出てきた「一人ブラック企業」という表現を、育児・教育ジャーナリストのおおたとしまさ氏は、著書『ルポ 父親たちの葛藤 仕事と家庭の両立は夢なのか』（PHPビジネス新書）で用い、パパたちの厳しい現実を説いています。「キャパオーバーな分を自分で引き受けたうえに理想のワーク・ライフ・バランスを実現しようと」し、「妻、会社、社会からの要望すべてに一度に応えようと」することを「一人ブラック企業」と呼び、そんなパパが「うつ症状を発したり体調を崩したり」する苦しい姿を伝えています。

実際にまだそこまでの深刻さに直面している人は少ないかもしれませんが、SNSの例のように、家族への責任感が仕事に向かい、その分時間がなくなるというジレンマを抱えているライトな「一人ブラック企業予備軍」のパパはきっと多いでしょう。

一方ママの方も、ひとりで育児・家事を抱え込んで、実はすでに「一人ブラック企業化」しているようなものです。このままでは、ふたりで同時に「一人ブラック企業」化してしまいますから、それは全力で回避しなければいけません。

ところがパパの仕事モードにスイッチが入る傾向は驚くほどで、「平成18年版国民生活白書」（内閣府）には、「子どもがいる男性ほど長時間労働をする傾向にある」ことを示すデータがあります。「独身者」や「子どものいない既婚者」よりも「5歳以下の子どもがいる既婚者」の方が、週60時間以上の長時間労働をしている人の割合が高いのです。まさかこんな差があるなんてパパ自身も気づいていないのではないでしょうか。家庭に時間が必要な時期のパパ層が、なんだってわざわざこの時期により一層仕事に時間を捧げてしまうのか……「今そこじゃないでしょ？」と思いたくなる状況です。

パパの強い責任感が、ママが「今必要としていること」と違う方に向いているとしたら、せっかくのパパの努力がむしろふたりのずれを助長してしまいます。

根強い「やっぱり女性の仕事でしょ？」

さて、「必要ない」のキーワードで見る時に実はいちばん多いのは、「本来男の仕事じゃないからやらなくていいよね」という感覚かもしれません。

「家事育児は本来男の仕事ではないはず」
「やっぱり手伝ってあげているという意識がある」
「本当は家事とかやりたくない」
「仕事しているんだから家ではのんびりしたい」
「会社とは違って家では甘えが出てしまう」

これらはいずれも、私が聞いたパパたちのリアルな声です。「本当はこんなこと言ったらいけないんだろうけれど」と前置きするくらい、みなさん理解や良識はあるので、オフレコにしてほしいくらいの覚悟で控えめに教えてくれた気持ちです。さらに本音を言えば、「めんどうだしラクしたい」という気持ちもあるでしょう。

正直に言えば、その気持ちは私にもよくわかります。私自身も新卒の会社員時代に自宅から通勤していた頃は、恥ずかしながら家事はすべて母まかせ。食事も洗濯もすべて「自動的」な生活をしていました。そして、あろうことか、「おかげで目一杯働ける！」と仕事をハードにきっちりやっていることだけに価値を求め、家事やまともな生活習慣という面では自立とはほど遠い意識の低さでした。完全に「妻に自分の世話をさせて当然と思っているダメな夫」の図、そのものです。でもこれは、親にだからこそできた「甘え」でしかないのです。いや、親だとしてもその年齢で甘えてはいけなかったな、と今はかなり反省しています。

こういう感覚が女性にだってあるわけですから、男性の方がそうした感覚を結婚後も引きずって、「本当は妻に世話してもらえるはずなのにな」と思ってしまうのは、まぁ、理解はできます。

ただし、女性が働くことが当たり前になり、一本の強い大黒柱というより二本のそこそこの柱で生きていくのが現実的な世代に差しかかった現在、大人になったら男女関係なく、生活面で自立した関係でいられることは重要です。

特に、ひとりで子どもを養える収入のある女性にとっては、育児や家事の分担で「甘え」を見せる男性は、むしろ責任を果たさない頼りない人間に見えてしまうものです。「もういっしょにいる意味が見つけられない」という厳しくも切実なママの声もあります。

お互いの役割に甘えて寄りかかり合うよりも、交換可能な役割でお互い融通し合う方が現実的になってきています。いきなり完全に平等にとはいかなくとも、こうした根強い感覚を少しずつ壊していくことが大切でしょう。

ママができるアプローチはこれ！

実はママの方も「パパの力が必要」ということを伝えそびれている可能性があります。パパの自覚を促すような言い方をするのではなく、ママの窮状を伝えて「今は自分も限界でこのままではつぶれてしまうから助けて」とストレートに表現した方が伝わる可能性があります。ただし、ふたりとも「一人ブラック企業」化しては共倒れですから、必要なことの優先順位は並べ直してください。

夫が働きすぎで体調を崩した経験を話してくれたあるママは、それがきっかけで、「パパの大黒柱意識」が想像以上に強かったことに気づいたそうです。その後、積極的に夫の仕事を減らすように夫婦で話し合い、パパの中の「かっこいいパパ像」や「できる男像」のイメージを、もう一歩「家庭の方を向くスタイル」に描きなおしてもらったと言います。

こんなふうに、仕事を背負いすぎているパパならば、その肩の荷を下ろしてもらいながら、優先順位を組み直せるといいでしょう。実はママもパパの働き方に理解を示してしまっていて、仕事の手をゆるめるという選択肢をふたりでそろって見落としている可能性があります。

〔ない現実3〕しかたない〜厳しい現実と流される空気

積極的に育児や家事をやりたいと思っているのにもかかわらず、本当にどうしようもなく、身動きがとれなくなっている状況のパパももちろんたくさんいます。現状はまずいと思うけどしかたない、壁が高いからしかたない……理想と現実の間で揺れるパパたちの「男のつらさ」がそこにあります。

収入を得る責任は放棄できない

数年前、真夏のバーベキューに乳児期の赤ちゃんをベビーカーに乗せて単身あらわれたパパがいました。気負ったところもなく赤ちゃんの世話にも慣れた様子がとても印象的なそのパパは、週末はママに仕事が入るので土曜は自分がひとりで赤ちゃんの面倒をみているということでした。その後第二子も生まれたと聞き、さぞかしふたりで育児がスムーズに進んでいるだろうと思って改めて話を聞いてみると、「最近は仕事が忙しくなってしまってあまりできていないですね」と、意外な答えが返ってきました。

今は自分が担当する家事はこなしているものの、仕事が多忙すぎて育児の時間がなかなか確保できていない状況だそうなのです。子どもふたりを別々の保育園に送っていくなど、けっして家庭に背を向けてきたわけではないのですが、転職やそれにともなう収入の変化などが原因でママと衝突することも増えたと言います。「仕事を減らして、家庭のことをする時間は増やせないのですか？」という問いに、きっぱり「それはできないですね」と答えたパパ。その理由は、「収入を得るという責任を放棄するわけにはいかないですから」という明確なものでした。

安定した大企業勤めだとわからないかもしれませんが、業界によってはそもそも会社自体が成熟しておらず、「辞めさえしなければ安心」という会社ばかりではありません。そういった業界では転職も珍しいことではなく、年齢や待遇で転職のタイミングを考えると、多忙な勤務状況を受け入れるしかない時期があるのも残念ながら現実です。

会社のカルチャーも自分の状況も「ワーク・ライフ・バランスどころじゃない」と、当事者の側から聞くと、ついやむをえない気持ちになってしまいました。「収入を得る責任」に対するパパの行き止まり感が、ここにあります。

産後の育児期は、ママの方も収入を失っている場合が多く、ただでさえ経済的に心細くなっている時期。夫の収入にも神経質になってしまい、「もう育児と家事はこの際どうでもいいから、収入に対する責任だけはきっちり果たして欲しい！」というプレッシャーをパパに過剰に与えがちです。

同時にパパの職場環境が厳しいこともママがいちばん理解していたりするので、「育児・家事をやって欲しい」とは軽々しく言えず、お互いにオーバーワークに陥りやすいのです。

周りの視線が重い

男性学で有名な、大正大学心理社会学部准教授の田中俊之先生が、男性の「平日昼間問題」というのをよく取り上げています。著書『男がつらいよ　絶望の時代の希望の男性学』（KADOKAWA）では、「社会が大きく変わっても、『普通』の男性は平日にフルタイムで働いているというイメージは強烈に残って」いるため、「男性が平日の昼間にブラブラしていると、それだけで怪しいと思われて」しまうという状況を軽妙に示しています。

たしかに、平日の昼間に近所をただふらふら散歩していたり、スーパーに買い物にきたりしている30〜40代くらいの男性というのは、怪しまれはしないまでも、いちいち「自営業かな？」「逆転夫婦かな？」「リストラ？」といったように、周囲からなにかと想像をされてしまうような存在なのかもしれません。

そういえば、私の夫がまだ20代後半の頃、引っ越し先を決める時に唯一出した条件が、まさに「平日その辺を歩いていても怪しまれない場所」というものでした。家が仕事場だったので出歩くことが多いとはいえ、ちょっと気にしすぎでは？と当時は思っていましたが、こうして「平日昼間問題」が語られるようになり納得しました。多くの男性が、世間からの「無職フィルター」や「怪しげフィルター」について意外と過敏なのです。

こうした男性ならではの感覚は育児の現場にはつきもので、子育て支援施設の遊び場に夫婦で来て、入り口でパパだけ「これはちょっと無理かも」と帰ってしまったなんてエピソードも聞きます。**せっかく積極的に育児に参加しようとしたパパが、周囲の視線によって「やっぱり育児はできなくてもしかたない」と思ってしまうのは本当にもったいないことです。**ただ、最近は育児や家事に関していえば、男性がやる姿も当たり前になってきた上、今ならまだ「やっているだけでもプラス評価がついてくる」フェーズです。むしろ追い風ですからそこに乗っかることをおすすめしたいです。

ささやかなパタハラがあふれている

ここ数年、女性の出産・育児に関連する職場でのハラスメントは、マタニティハラスメント（マタハラ）と呼ばれ、ずいぶんクローズアップされるようになりました。それに対して、男性に対するこの種のハラスメント＝パタニティハラスメント（パタハラ）への理解はまだまだ進んでいるとはいえません。例えば、育児休業を上司が取らせてくれないとか、育児で休んだことが原因で閑職へ異動させられたというような、あからさまで派手なハラスメント事例が身の回りになくとも、小さな言葉のやりとりやちょっとした雰囲気の中にパタハラの根っこは確実に存在しています。

私の夫にもこんな体験があったそうです。出産当時、夫婦ともにフリーランスとして家で仕事をしていたうえ、どちらの実家にも頼れる状況でもなかった私たち夫婦の育児は、誰からのヘルプもない、ふたりでのスタートでした。

子どもが生まれたらそれなりに時間が必要になることを見越した夫は、直前に打診のあった仕事のスケジュール調整を先方に依頼しところ、「はあ？　そんなことで仕事延ばすわけ？　まあいいけど……」という反応をされたと言います。出産後10年以上も経ってから初めて聞いた話ですが、忘れっぽい夫が鮮明に覚えているということは、かなり印象的な記憶だったのでしょう。

よく女性は女性に厳しい、と言いますが、それにも増して、男性は男性にひどく厳しいようです。男性同士のパタハラは、「家庭の方を向こうとする姿勢」を軽んじ、馬鹿にしたり、揶揄《やゆ》したりすることで、「仕事を優先させられない『駄目な』男」のラベルを相手に貼り付けようとします。そんな態度は気にせず放っておけば良いのですが、これがもし会社員で、社内に「家庭を優先させる姿勢」を相当低いものとみなすムードが漂っているとしたら、なかなか居心地が悪くきついものでしょう。

女性の場合は妊娠・出産に物理的に身体を使うので「そうはいっても休まなきゃどうしようもない」と何を言われても突き進むしかありませんが、男性の場合は、どうしようもない強い理由を見つけられないために、「妻の手伝いができなくて心苦しいけれど、職場で波風立てるのもなぁ、まぁ、しかたないか……」となってしまいがちなのでしょう。

本来は、「子どもが生まれた後の家庭をマネージするために時間が必要だ」、というのは十分強い理由になるのですが、そうした理解はまだまだ進んでいません。育児や家事に時間を使うだけで「仕事ができない男」と判定をするような、「ささやかなパタハラ」ムードが、パパたちの足にブレーキをかけています。

「仕事だからしかたない」が生む不機嫌

いっしょに暮らすパートナーが、帰宅するといきなり怒っていたりとか、わけもわからず不機嫌だったりすると、家に帰るのが嫌だなぁという気になるものです。ある程度の期間夫婦でいると、そういう負の空気を自分がひたすら受け止める一方の時もあれば、自分が振りまく一方の時もあるもので、両方の立場に身に覚えのある人も多いのではないでしょうか。

産後の育児生活でクローズアップされるママの側の不機嫌に限って言えば、多くの場合、その機嫌の悪さはパパとの小さなやりとりの積み重ねで出来上がっていくものです。例えば、パパがつい言いたくなる「だって仕事だからしかたがない」というひと言も、その原因のひとつでしょう。

これはまだ私たち夫婦に子どもが生まれる前の話ですが、私が会社員で夫がフリーランスで仕事をしていた頃、食事づくりは家で仕事をしている夫が担当していました。私は終電帰りも休日出勤も珍しくなかったある日、夜中の12時に帰宅したところ、夫がその時間から黙々と揚げものを始めたのです。間もなく熱々のトンカツが千切りキャベツの横にきれいに並びました。

これはまずい、と思いましたが時すでに遅し。無言のプレッシャーを感じながら、心のどこかでは、「なにもこんな時間から揚げ物しなくても……先に食べていてくれればいいのに」と思ってしまいます。でも、そんなこと言おうものならどんな修羅場になるかわからない。いっそ夕食は毎日家で食べないことにした方がいいのかも……いやそれは前に「そんな働き方をするな」と怒られたんだった……。色んな思いが頭をかけめぐり、もはやおいしいはずのトンカツの味もよくわかりませんでした。

その当時は「しかたないじゃん、仕事なんだから」と思っていましたが、いざ逆の立場

で日々食事担当になってみると、私が100%間違っていたことに気づきました。「なんで遅くなるなら連絡しないの！」「『しかたない』の前に1本連絡いれられるでしょ!!」と本気で思うわけです。

「しかたない」は甘えだったな、家事に対する侮辱だったな、相手を軽んじていたな、と今でははっきり思います。

わけもなく不機嫌にされる側のつらさは痛いほどよくわかります。でも、産後のママの不機嫌は、こんなふうに「家庭の業務を軽んじられ続けた」蓄積した思いがベースになっていることが多いはずです。もし、当時の私と同じように「しかたないじゃん、仕事なんだから」と思っているパパがいるとしたら、どうか一歩、自分に甘えがないか胸に手を当ててみてください。「仕事をする」ということは、驚異的な分量の「しかたない」を自分に許してしまうものなのです。

ママができるアプローチはこれ！

本当に「しかたない」状況のパパと疲労で余裕のないママの組み合わせはお互いつらいものです。どちらもいっぱいいっぱいなので攻撃的にもなります。

例えば、パパの帰宅時間が予定していたよりもだいぶ遅くなった時、帰るなり「仕事で仕方なかったんだ！」といきなり怒っていることがある、と言っていたママがいました。これは、「文句を言われるかも」とママの攻撃予測をして、パパがいきなり臨戦態勢になっている現象です。どっちが先に攻撃態勢を解くのか、というどっちもどっちな話ではありますが、少しでも余裕があるなら、ママの側からパパへの攻撃の手をゆるめ「逃げ場」のあるコミュニケーションを取ってみてください。この場合は「お疲れー遅くまで大変だったね」とママから先に言ってしまえば、パパの戦闘態勢は解けるはずです。

また、ストレスでママが不機嫌になることの多い時期は、パパもその不機嫌をそれなりにつらい思いで受け止めたり、サンドバック状態になって救いのない気持ちで耐えているものです。せめて安定した気分の時には、いつも不機嫌で悪いと思っているとか、イライラを受け止めてくれてありがたいと思っているということを率直に伝えるだけで、お互い気持ちが少し楽になるかもしれません。

不機嫌の原因がパパにあることが多いので、なかなか納得できない部分もあるかと思いますが、家庭のことを任せっきりにしている「引け目」が強いパパほど、なかなか自分から折れるのは難しいようです。ママが「収入がないから立場が弱い」と思うのと同じように、実はパパの方も「家事をやっていないから立場が弱い」と思い、つい外で働いて収入を得ていることを盾にして批判をかわしたくなってしまうのかもしれません。

家庭の戦力になるために～職場のストレス対策を家庭に応用

パパが男性なりの立場で困っていたり、苦しんでいたりする状況も、理解はできます。ただ、ママが陥っている危機的状況を打開するためには、家庭の中で「戦力」となるパパの存在が欠かせません。ここでは、職場のストレス対策を参考に、パパがママをサポートするポイントを見ていきましょう。

ママは弱っている同僚だと思って

仕事での長時間労働や高プレッシャーな状態が過労死や過労自殺につながるという話はよく知られるようになりました。パパたちの中にも転職や異動、大きなプロジェクトの重圧などでつぶれそうになった経験がある人も多いことでしょう。

育児を始めたばかりのママというのは、まさにそんな「追い込まれた」状態だと思ってください。自分をとりまくあらゆる状況が劇的に変わってしまい、とてつもないストレス下にあるのです。**家で隣にいる妻は「ハッピーに育児と家事をしているママ」なのではなく、「仕事のプレッシャーと長時間労働でボロボロになっている同僚」だと思うくらいでちょうどよいでしょう。**

職場のストレス対策に何かヒントがないかと、産業カウンセリングを専門とする筑波大学人間系准教授の大塚泰正先生にお話を聞きました。大塚先生は職場のメンタルヘルスやストレスマネジメントについて研究しています。

そもそも社員のストレスをマネジメントできなかった先にある労災認定がどのようにされるのかを聞いてみると、「厚生労働省が定めた認定要件には、業務によって強い心理的負荷がかかったかどうかを判定するために様々な出来事がリスト化されています。それらの出来事の経験の有無とその状況に応じて負荷の程度を総合的に判定するようになっています」と公開されている評価表を見せてくれました。

そこには例えば「達成困難なノルマが課された」「顧客や取引先からクレームを受けた」「転勤をした」のような日常的に経験しそうなことから、事故の経験、嫌がらせの経験、長時間労働に関する基準などまで様々なことが含まれています。それを眺めていると、育児期に女性が経験する出来事もこんなふうにリスト化すれば、ストレスの原因としてよりくっきりイメージできるようになるだろうな、という気になってきます。

それでは職場でのストレス対策は、具体的にどのように進められるのでしょうか。

「職場のメンタルヘルス対策では、『セルフケア』と『ラインケア』の両方が重要です。『セルフケア』は、当事者自身がストレス下にあることを自覚して、予防的に自ら解消する工夫をしたり、必要に応じて専門家に相談することです。一方『ラインケア』というのは、管理職などが部下のメンタルヘルスの予防や相談などサポートに動き、職場の環境改善をすることをいいます」

これを育児期の夫婦に当てはめてみると、とてもいいモデルになります。「セルフケア」は、ママ自身が産後うつの知識をつけたり、定期検診の際にスクリーニング検査を受けるなど、ストレスを自覚する機会を持つことにあたるでしょう。そういった機会は増えてきましたが、もし何かそこで大きなストレスの症状や原因に気づいたとしても、育児・家事に埋没した自分自身の環境をママがひとりで変えるのには限界があります。

そこで出番になるのがパパによる「ラインケア」。もちろんパパは上司ではありませんが、同じ家庭を作る仲間としては職場の同僚のようなものです。また、男性は妊娠出産を経ていない分、体力的にも精神的にも余裕を持ってママのサポートをできるはずです。

同僚をケアする「傾聴」と過重労働対策を

大塚先生によれば、「ラインケア」で重要なのは、まず、いつもと違う様子がないか気づくこと、そして、話を十分に聞くことだそうです。「なんだそんなこと？」と思うかもしれませんが、重要なのはその聞き方です。

「話を聞く時は、アドバイスをするのではなく、相手に関心を持っていることが伝わるような表情や態度で相手を受け止めます。相手の立場に立ちながら、批判的にならないことが大切です。これを「傾聴」と呼びます」

会社の管理職に対して、ラインケアの教育研修を実施するための資料を実際に見せてもらったところ、「管理職に傾聴スキルを身につけてもらうことの難しさ」という項目があり、こんなことが挙げられていました。

・そもそも部下の話を聞くことにあまり価値を置いていない（部下のためと思ってあえて傾聴をしない管理職も）
・自分の経験談を言えば何とかなるという思い込み
・仕事柄話は聞かない、言い負かすのが仕事

これらはそのまま全部、パパがママの話を聞く時に気をつけた方がいいこととして読み換えることができそうで、思わず苦笑してしまいました。「話なんていつも聞いている（聞かされている）よ」と思うパパもたくさんいるでしょう。でも、肝心なママのつらさを十分に受け止めながら聞けているでしょうか？　つい結論を急いでアドバイスを重ねたり、聞いているうちにママから責められているような気持ちになってつい自己防衛的にママを批判してしまうなんていうこと、夫婦だとよく起きてしまうパターンです。感情抜き

に話すことの難しさを相当意識しておかないと、実はかなり難易度が高いかもしれません。

時々「女性だから傾聴と共感を求めているんでしょ？」という表現を耳にすることがありますが、そうした「女性の扱い方」のような意味でとらえても産後の生活に対する危機感は生まれにくいでしょう。男女の別なくストレスをケアするというメンタルヘルスの視点で「傾聴というスキル」が大切なのだと知っておいてください。

もちろん、「傾聴」だけでなく、具体的なストレスの元となっている環境を改善することも重要です。どの環境をどのように改善するべきかは、それぞれの状況によって異なりますが、職場のメンタルヘルスケアで、いかなるケースでも避けるべきこととして挙げられていたのは「過重労働」でした。ママの育児環境は、「長時間労働」「深夜勤務の常態化」といった「過重労働」そのものです。少なくともこれらをどれだけ環境改善できるかはパパの腕の見せ所です。

個人のせいではなく組織の問題だと考えて

今でこそ過労死について長時間労働など会社側の責任が広く話題になり、最近でも大きな報道が続きましたが、大塚先生のお話では、職場のメンタルヘルスは長く個人の問題とされていた歴史があるそうです。

「平成12年に結審した電通事件で、社員の自殺と業務の因果関係と会社の安全配慮義務違反が認められたことがきっかけで流れが変わり、国がメンタルヘルス対策に積極的に動くようになりました」

夫婦の子育てにおけるメンタルヘルス対策も似ています。今はまだ、**子育てのストレスはママ個人の心の問題にされているところがあり、思い悩むのも対処の責任もまだママひとりの世界に閉じ込められています。こうした状況を改善するために、ママの悩みを「個人の問題」として片づけるのではなく、家庭の「育児環境」を「職場環境」になぞらえ、いっしょに家庭を作っているパパが、積極的に予防に取り組む必要があります。**

産後のママの環境の激変は、誰にとってもきつくて危険な状態です。パートナーであるパパは、「ママがなぜか怒っていて怖い」「家のことを手伝わされて面倒だ」などと冗談めかして愚痴っている場合ではないことを理解してください。ママを取りまく環境や業務フローのストレス要因を注意深く観察して理解し、有効な対策を取るためにぜひパパの能力を使ってください。

３つの「ない現実」に引っ張られることなく、強い意志を持って「家の中」という舞台に立つことが大切なスタートです。パパの力は切実に必要とされているのです。

第4章

ふたりは同時に親になる①

育児初年度の「傾向と対策」

産後のママの「環境の激変」とパパの「環境の変わらなさ」は、ふたりの間にずれを生じさせ、「ママの不機嫌」として現れます。パパがそれに背を向ければますます溝が深まるばかり。ママの不機嫌ループを断ち切り、「ずれ」を最小限にするためにパパができることは何か？ 育児初年度の原則を見ていきましょう。

[傾向1]ママのイライラフェーズ〜なんで気づかないの?

妊娠・出産にともなう大激変にさらされたママは、それでもその「変化」になんとか適応しようと必死にもがいています。一方パパはといえば、「赤ちゃんが生まれてうれしい！」「ママががんばってくれているから大丈夫」とどこか他人事。ママのもやもやはつのり、次第に笑顔が減っていきます。

パパの心はハートのまま?

出産・育児により、それまで不慣れだった家事や、四六時中気の抜けない育児に必死で取り組まざるを得ないママは、否応なしに「親になった」ことを感じざるをえません。それは「親の自覚」というキリリとしたものというよりも「親ってこういうことだったのか……」という泥臭い気づきの数々です。

それに比べると、子どもが生まれたことによってパパの身に降りかかる変化の量は、圧倒的に少ないのが現状です。頭の中はハッピーな誕生の喜びに満ちていて、パパだけがまだ「おむつのCM」のようなパステル調のやわらかな空気の中に取り残されています。パパとママは同じ部屋で生活しながらも、ふたりの世界はどんどん隔絶していってしまうのです。

私が主催しているワークショップでは、よく参加者のみなさんに産前／産後の変化について シートに記入してもらうのですが、女性は堰《せき》を切ったように書き始め、用紙がどんどん埋まっていくのに対して、男性の場合はあまりシートに書くことがなく、最後までスカスカになってしまいます。この差からわかることは、**パパたちは「男性だから」という理由で育児や家事への意識が低いのではなく、子どもが生まれた後も、自分に起きる変化があまりにも少ないために、「親ってこういうことだったのか……」と気づく機会がない**ということなのです。そのため、パパだって自分なりに親になっているつもりですが、「親」の定義や意味合いが、ママとは大きくずれ始めてしまいます。

こうしたずれから生まれるのが、パパたちのこんな無邪気な発言です。

「家にずっといるんだから家事する暇くらいあるでしょ？」

「もっと工夫して前向きに考えれば？」

「ずっと赤ちゃんとゴロゴロ寝ているだけでなんで疲れるの？」

「俺は仕事でもっと大変なんだから……」

これらはどれも、ママたちの「わかっていない感」へとつながります。

子どもが生まれる前と変わらず、朝起きて、用意されたご飯を食べて、会社に行って

赤ちゃん
かわいい
前向きに
がんばれ!
仕事
ムリ
しないで
何だこれ
今どういう
状態?
みんな
やってる
みたいだし…
疲労
ヤバイ
私の
能力不足?

帰ってきて、またご飯を食べて寝る。そんな生活が継続しているパパにとっては、ひとりで「親」に直面しているママの大変さがリアルには伝わらないのでしょう。

わかりやすく図解するとこうなります。パパたちの無邪気な発言は、崖から落ちそうな妻を見下ろしながら、「がんばって！　もっと力を出せるはず！　もっと工夫して！　ほら、上がってきたらいっしょにおやつでも食べよう！」と、超前向きなアドバイスと応援をしているような状態。まるで笑えない喜劇です。

いやいや崖から落ちるとか大げさでしょ、と思うならば、もう1度、第2章を読んで想像力をフル稼働させてください。産後に誰の手も借りず、ひとりで育児・家事を切り盛りしているママは、ほぼ間違いなく崖から落ちかかっていると思っていいでしょう。放り込まれた状況でやむをえず「親になってしまったママ」と変化が足りず「親になりきれていないパパ」では、見えている景色の違いがそれほど大きいのです。パパがママの大激変に無頓着なままでいると、この先大きな問題になっていきます。

ママからの警報がパパには聞こえない

ママは「親になった」ことによる変化の大きさに黙って耐えているわけではありません。実はそのきつさをはっきりパパに訴えています。

「一晩中起こされて、授乳を繰り返して、ほとんど寝られなかったんだよ」
「ずーっとだっこしたままだから、肩も腰も痛くて」
「洗濯物なんて、たたむ暇もなかったよ」
「夕方何をしても泣きやまなくて、1時間近く泣かれたよ……」

こんな状況報告の数々、パパたちは聞き覚えがないでしょうか?

こうした報告は単なる愚痴ではなく、「親になった」ことで生じた想定外の大変さをパパにこそ理解して共有してほしいという、期待感のあらわれです。仕事で疲れているパパに、あれやこれやと日常のささやかな出来事を聞かせるのは、ママだって遠慮の気持ちもあるものです。**それでも必死に訴えるのは「親になるってこういうことだったんだよ!」と、どうしても気づいて欲しいからです。パパにこそ現実の厳しさを知って「いっしょに親になってほしい」と期待しているのです。**

しかしながら、こうしたママたちの心の声は、往々にしてパパたちの心には届きません。これまでの延長線上で「仕事が忙しくて上の空」なパパたちは、ママたちの発する言葉の意味は分かっていても、その声の持つ「重み」には気づかないのです。

ただこれは、ママたちの側にも問題がありそうです。自分が崖から落ちそうなのであれば、もっとストレートに「助けて!」と叫んでいいはずなのですが、そのひと言が言えないのです。まだこの段階ではママ自身もどこか「子育てくらい自分ですべてやれないと駄目なはず」と思っているところがあり、どれだけギリギリの状態なのか自覚がありません。助けを求めたら自分を「ダメ認定」しているようなもの、と思いがちです。しかも自分も大変なのに、パパが背負う仕事の重さの方を気遣っている場合もあります。だから素直に「助けて！」とは言えず、窮状を訴えてパパが自主的に助けに来てくれるのに期待するのが精一杯なのです。

状況報告をするママは、本当は「今かなり限界な感じなんですけど……でもそう言ったら格好悪いし……状況伝えればわかってくれるよね……」という、ひどく婉曲的な警報を発しているのだとパパは受け止めた方が良いでしょう。パパに気づいて欲しくて、ひたすら育児の日常を撮影してメッセージで送り続けたというあるママは、その時の思いを「なかば呪いのような気持ちで」と表現しています。それはけっしてただの「ささやかな状況報告」ではないのです。

パパにしてみればあまりにもわかりにくく、ママにしてみれば精一杯のその訴えを、もしパパがここでスルーしてしまえば、ママはパパに「わかってくれない」という思いをつのらせてしまいます。

「孤独感」から「不信感」そして「嫌悪感」へ

ママのパパに対する「わかってもらえない感」が積み重なると、やがてその感情は、ささくれだった「イライラ」へと変質していきます。こんなに必死で伝えているのに、**なんでわかってくれないいんだろうという「孤独感」が深まり、どうせ言ったってわかってくれないだろうし、わかろうとすらしていないだろうという「不信感」へ。そして、最後には、こんな人にわかってもらおうと思ったのが、そもそもの間違いだったという「嫌悪感」へと……。**

パパとしては、ママに寄り添いやさしく言葉をかけたつもりが、ひどい突き放し方をしてしまっている可能性もあります。

例えば、「無理しないで休んだら？」という言葉。こう言われたママがまず思うのは「私が休んだら赤ちゃんはどうするの？」です。パパが代わってくれない限り、ママは休むことなんてできません。無理をしないで休めるならとっくに休んでいます。「あぁ、結局この人は口だけ。親になることの意味が全然わかっていないんだから」良かれと思って発したパパの言葉が、こんな失望につながってしまうこともあるのです。

これは崖から落ちそうなママに上から「無理しないで！」と声をかけているのと同じことです。崖から落ちそうな時に、手を伸ばして腕をガシッとつかんでくれたなら「ありが

環境変化の分量差が溝を生む

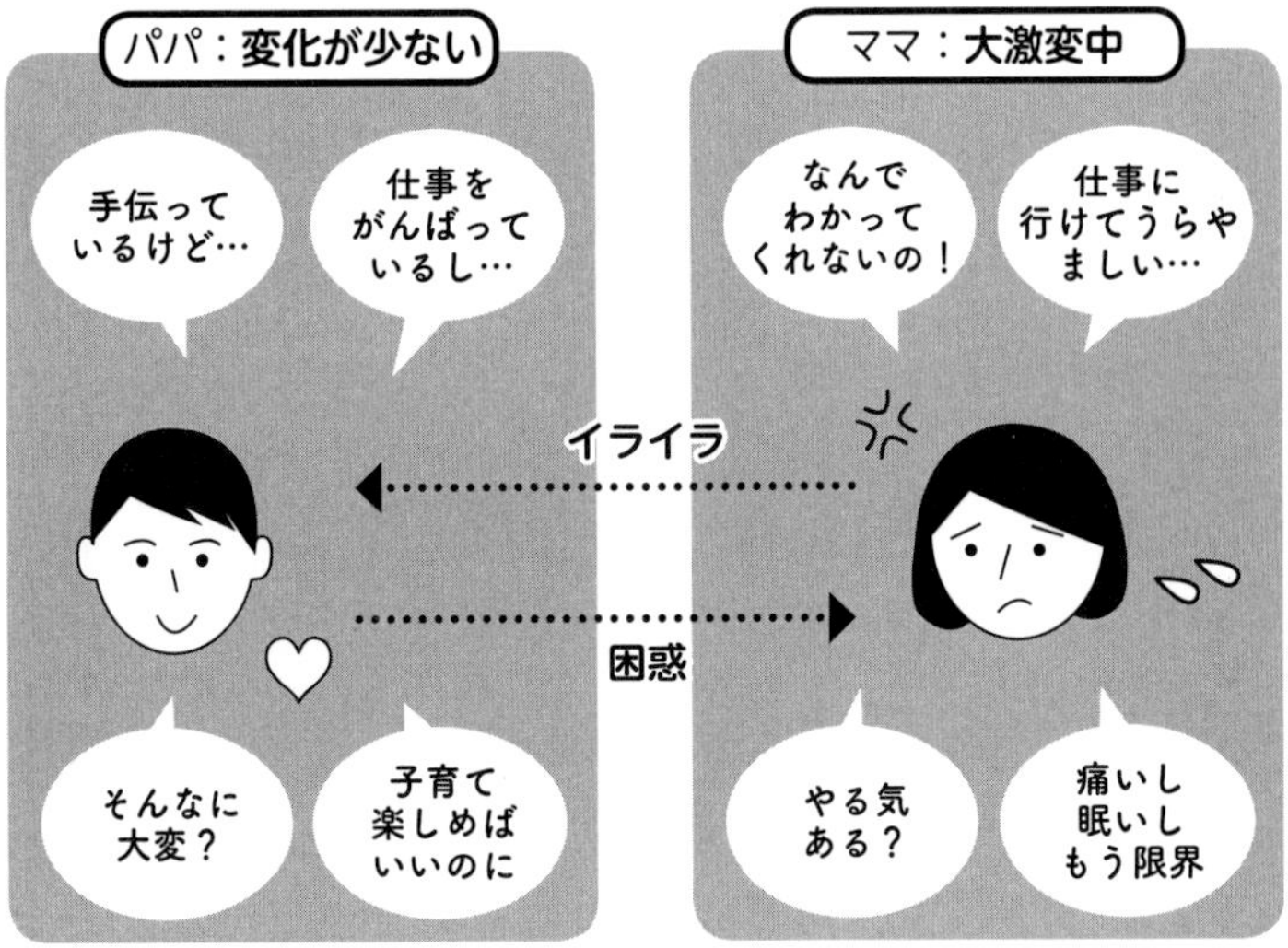

とう！　助かった！」と思えますが、「無理しないで」と声をかけるだけでは、「は？」とあまりの場違い感に驚くか、見捨てられたと思うかどちらかです。

【傾向2】ママの怒りフェーズ〜強烈なアンフェア感

ママの危機的状況に気づかず、無邪気な応援が中心で、子どもが生まれる前の感覚からなかなか抜け出せないパパ。ママの気持ちは「イライラ」を通り越し、一触即発のピリピリ状態が生まれ、ついには「怒り」の爆発へとつながります。その「怒り」の導火線に火をつけるポイントはどこにあるのでしょうか。

パパの日常が特権階級レベルに見える

産後の激変に必死で順応しようとがんばるママは、赤ちゃんの世話に忙殺され、まともな睡眠すらとれない毎日を「親になった」責任感でどうにかやり過ごしています。**そうやってすべての生活が赤ちゃんのペースに縛られているママたちにとっては、自分のペースで物事を進めることのできるパパの一挙手一投足が、「特権的」な振る舞いに見えてきます。**

「特権的」と言っても、ママがうらやむパパの特権は、パパのごく普通の日常のふるまいです。ご飯を食べ、トイレに行き、新聞を読み、会社に出かけ仕事をして……そんなごく当たり前の手順を自分のペースで進め、会社と家というオン／オフのある生活ができることは、ママから見たらものすごい「特権階級」レベルなのです。まるで別世界。いっしょに「親になった」はずのパートナーが、狭い部屋の中で隣にいるのに、そんな別世界の暮らしをしているわけです。

ところがパパはそんなことに無自覚で、ママの目の前で「普通に生活」してしまいます。これがママの怒りに火をつけるのです。例えばママの気持ちはこんなステップを踏みます。「あぁゆっくりご飯食べられていいなぁ」→「それ、ものすごく特権的なことなんですけど。わかってる？」→「私はだっこしながら片手で、しかも5分で食べるって話したよね」→「よくまぁ無神経にのんびり食べられるよね」→「結局、私がやっていることなんて全然わかってないんでしょ……」→「なんでそこまでのんきなの？　ていうか、私に喧嘩売ってるでしょ!!」

さきほどの崖の図解で言うなら、崖から落ちそうなママを眺めながらパパは上でお弁当を広げてくつろいでいて、ママは崖にぶら下がったまま、それを怒っているような状態です。

パパが産前と同じ生活をしているだけで、「冷たくて無神経で非協力的」認定をされてしまうというのは、パパには到底信じられないかもしれません。でも、育児スタート期のママの環境変化はそれくらい強烈なのです。

ママの強いアンエフェア感が攻撃につながる

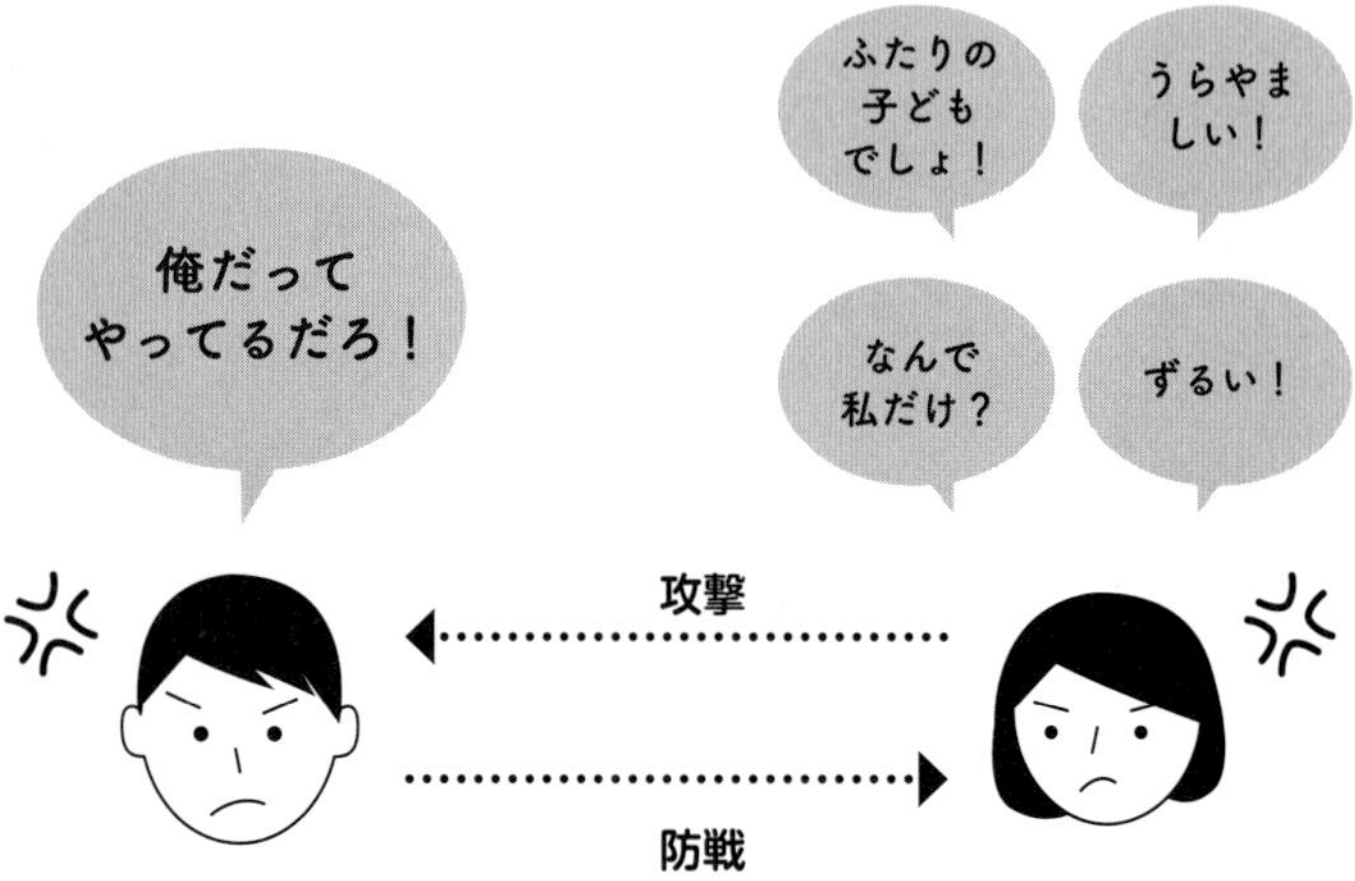

ふたりの子どものことなのに

　パパにしてみれば、ママがもっとわかりやすく「ヘルプ」を出してくれればいいのに、と思うかもしれません。でも、ママはすでに日々の状況報告をすることで、助けを求めたつもりでいます。しかも目の前のパパは、厳しい現実の一部を目撃しているのだから「気づかない方がおかしい！」とママは思い始めています。

　そして重要なポイントは、このママの負担は、ママ自身の仕事上の問題というわけではなく、他でもない「ふたりの子ども」のことだということです。パパが「気づいてくれない」ことは、単なる鈍感では済まされず、そのまま「子育てや子どもの未来への無関心」にすら見えてきてしまいます。

こうして**ママの心の中には、「ふたりの子どものことなのに、なんで私だけがこんなに負担を強いられるの！　なんであなたはそこまで無関心でいられるの！」、という強いアンフェア感が生まれるのです。**

ママからパパへの表現は次第にキツくなります。

「飲み会に行く暇があったら帰ってきてよ！」

「ゴミ捨てくらい指示しなくてもまともにできないの！」

「靴下そこに放置するとかありえない！」

パパにとってはママからの感情的な八つ当たりにすら思えるかもしれないこうした言葉の背景には、必ずと言っていいほど、この「アンフェア感」が潜んでいます。

もちろん、ママがもっと気持ちよく頼みごとができればいいのですが、一度「アンフェア感」を強く感じてしまったママにとっては、「パパが気づいていないこと」自体が問題の中心になりつつあります。もしここで笑顔で応じたり優しく頼みごとをしてしまえば、「パパの『気づいていない現状』を受け入れる」ことになってしまうという不安がママの側にはあります。このくらいのヘルプでいいんだな、と「パパが満足してしまう」ことはどうしても避けたいのです。

その結果、ママたちはパパなりのがんばりに対しても肯定的になれません。

「そういうだっこの仕方は嫌がるでしょ！」

「こんなおむつのつけ方ありえないんだけど！」

こんなふうに完全否定のダメ出しをすることが増えてしまいます。「もうっ」とか、深いため息の連続攻撃です。

多くのパパは、ママのこうした態度や言動を「理不尽な怒り」だと感じ、自分は被害者だと思っているかもしれません。否定されれば「なんだよ」と防戦したくもなるでしょう。ところが、ママの側からすれば、この怒りはパパの無自覚さによって生じているわけで、理屈の通ったものです。ママもむしろ自分の方が「理不尽な思い」をさせられていると感じています。

双方、自分の方が被害者で圧倒的に相手の方が悪いと思っているのだから、相当こじれています。こうなるともう殴り合いの喧嘩のようなもの。そこから先はまともなコミュニケーションがなかなか成立しません。

パパに対して「孤独感」から「不信感」、そして「嫌悪感」を感じるようになっていたママは、ここで完全にパパを「敵対視」し始めてしまうのです。

再び崖のシーンで図解するとこんな状態です。崖から落ちそうになりながら「自覚が足

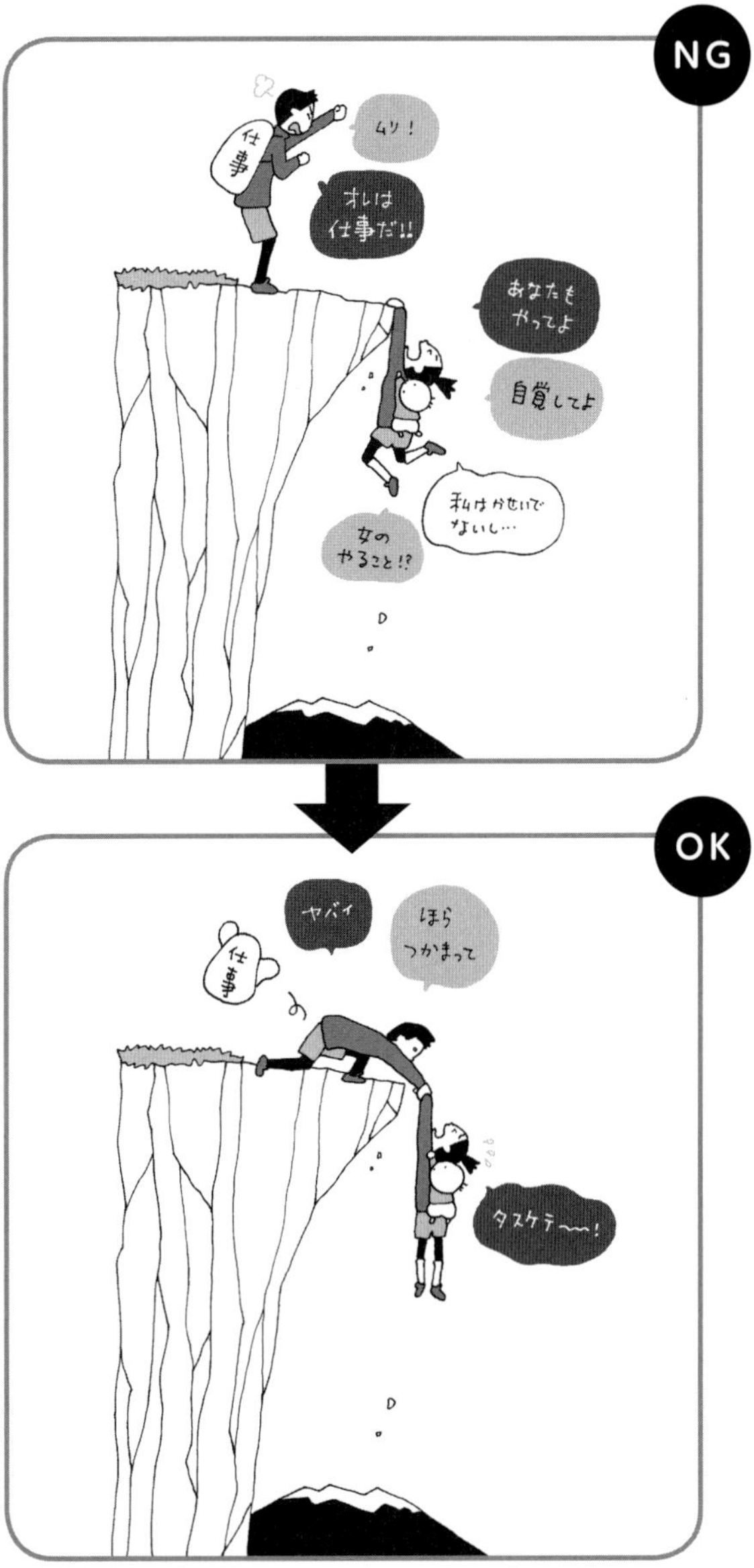
NG
仕事
ムリ！
オレは仕事だ!!
あなたもやってよ
自覚してよ
私はかせいでないし…
女のやること!?
OK
ヤバイ
ほらつかまって
仕事
タスケテ〜〜！

りない！」と怒っているママと「俺だってやってるだろ！」と主張しているパパ。ふたりとも、崖から落っこちそうなことを完全に忘れています。お互い無駄なところに貴重なパワーを使わず、手を取り合って難局を乗り切らなければならないという時に、よりによって対立を深めてしまうのです。こうして見ると、あまりにも非生産的で無駄なエネルギーの使い方です。ところが、この状態に陥ってしまうケースが、ほぼ通常ルートのごとくあちこちで発生しているのです。

今、全力でしなければいけないのは、ママがシンプルに助けを求め、パパがその手をがっちりとつかんで引き上げることです。見誤ってはいけません。

［対策１］１年目に定着させたいマインドセット

出産後、ひとりでどんどん「親」にならざるをえないママと、その変化に気づけないパパ。そんなふたりの間に生じた「ずれ」を固定させないために重要なのが、産後１年目の過ごし方です。ふたりでそろって「親」になれるように、パパにぜひ心がけて欲しい、そしてママにも確認して欲しい原則を３つご紹介します。ふたりでなるべく効率よくこの時期を乗り切るために、これらのマインドセットを意識してみてください。

初心者同士で仲間になる～欲しいのは応援じゃない

女性は妊娠・出産によって、その存在が根底からくつがえるほどの環境変化を経験し、それに適応しながら、「親」になっていきます。

でも、女性だって育児の経験があるわけではありませんから、「親」としてはゼロからのスタート。すべてが手探りの中で、必死に取り組むことで少しずつ前進していくしかありません。育児・家事の「初心者」から始めて、一歩、また一歩と経験を積んで「これまでの自分」を大きく軌道修正しながら適応していきます。

女性が育児や家事に向いているとか、女性なら好きに違いないというのは基本的には男性の幻想でしかなく、家事が苦手だし好きじゃないというママや、「もともと子どもの相手なんて苦手だし、どうしたらいいかわからないと思っていた」というママだってたくさんいます。男性が思っているほど、育児をスタートした最初の時点は、パパとママには何の差もついていないのです。

ところがパパは、「ママが大変そうだから応援する」という立ち位置にとどまりがちです。「育児・家事に積極的に関わろう」と思っているパパでさえも、ベースにある気持ちは「応援」的なサポートということが圧倒的に多いのです。そうした「外側」からのサポートだけで十分にパパサイドからの「親」役割を果たせると思ってしまいます。

実はこれが大きな落とし穴です。ママが欲しいのは育児・家事にともに立ち向かう「仲間」です。孤独な戦いと疲労から救ってくれるのは、懸命な応援とか上から目線のアドバイスなどではなく、ママと同じ側に選手として立って、ともに戦ってくれる「チームメイト」なのです。

「夫は教育するもの、ほめて伸ばす」なんて表現を耳にすることもありますが、それは家事・育児に関する完全な上下関係があるのが前提の、古い考え方だと思った方がいいでしょう。実際「夫に『俺を新人のバイトだと思って指導して』と言われて切れちゃいました！」というママがいましたが、これがリアルな感覚です。ママはパパに仲間になって欲しいのであって、部下が欲しいわけではありません。もっと横並びでパパが併走してくれることを期待しています。

ママの側から見たら、自分自身が「初心者」なりにゼロから必死にがんばっている時に、部下でもないパパから「指導して」なんて言われたら、残念ながら「頼りない人」に見えてしまうでしょう。そもそもママ自身に指導する余裕なんてなく、「いいから自分でこっち側に来て！　あなたの子でしょ！」という状態なのです。うっすら感じた「頼りなさ」は、ママ失望やあきらめにつながり、ママ

産後のサポートは「仲間」が原則

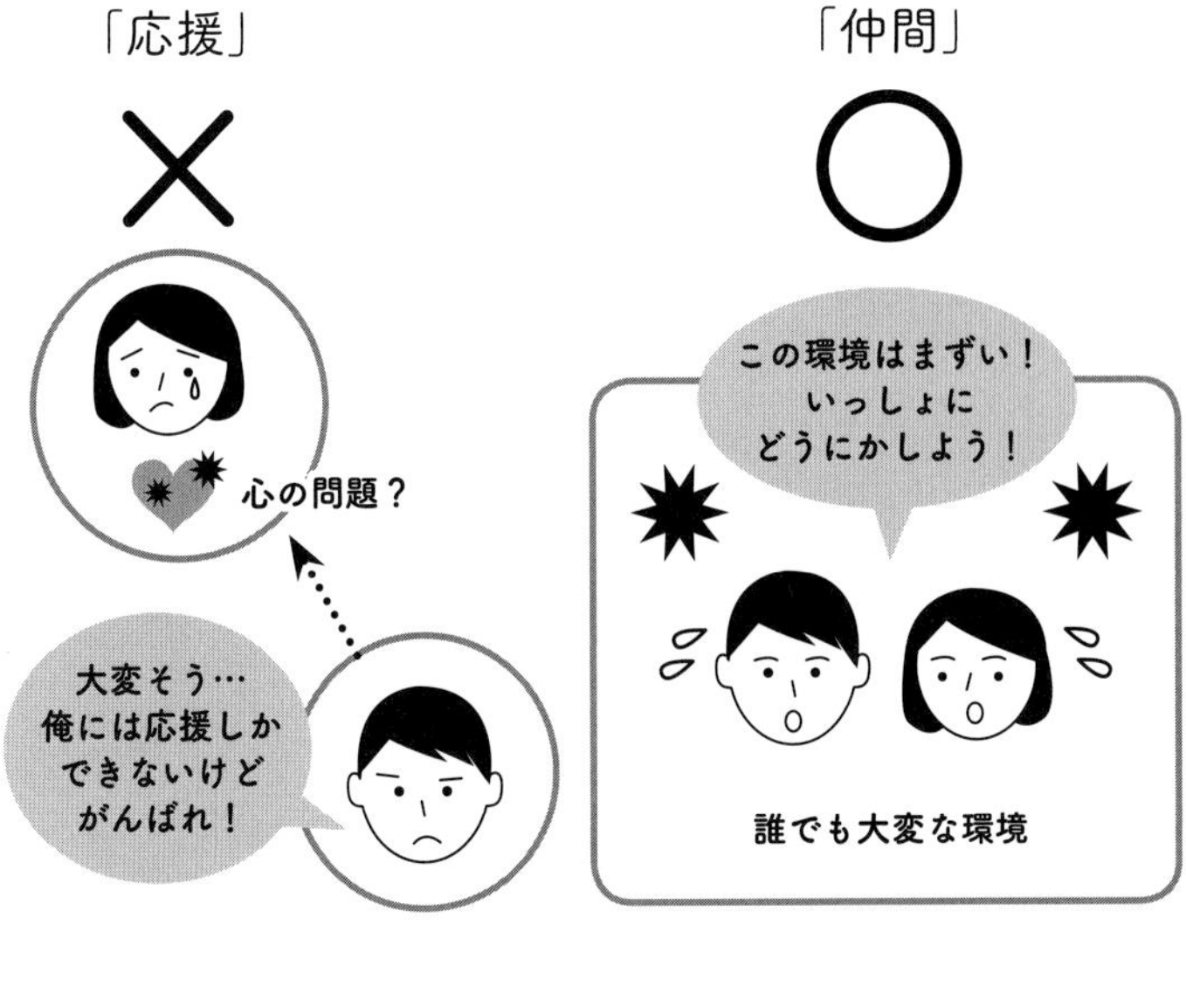
「応援」
×
心の問題？
大変そう…
俺には応援しか
できないけど
がんばれ！
「仲間」
○
この環境はまずい！
いっしょに
どうにかしよう！
誰でも大変な環境

は意地になって「もう自分ひとりでやった方がまし」にまで至ってしまうかもしれません。

こうなってしまうと、ママとパパの心は反発しあったまま、「育児・家事レベル」には差がつく一方。初心者同士だったはずなのに、あっという間にふたりに上下関係ができてしまいます。「ママが育休の間は任せて育休明けからがんばろう」と思っているとしたら、要注意でしょう。

「お互い初心者だよね」と思っていられるうちに、とにかくパパも飛び込み、ママの側でいっしょに考え悩み、できればたくさん手を動かすことが突破口になります。パパも経験さえ積めばママと同等に何でもできるということを忘れないでください。本当にできないのは、母乳を直接自分の身体から飲ませることだけで、他のすべての育児・家事はパパにだってできます。パパがはじめから「自分にはできない」と外側から応援を決め込んでいると、ママは仲間を得られません。まずは、本気で自分から当事者側に立ってみてください。

業務量を適正見積もり～「ひとりじゃ無理」を認める

産後すぐからの1年間というのは、もともと専業志向のママであれ、育休中のママであれ、育児・家事をママが専業的に受け持っている状態がほとんどです。だからパパも安心して時間と手は十分に足りていると思ってしまいがちです。ところが現実は、ママたちの多くがストレスに押しつぶされそうになり、パパからの救出を待ちながらもかなわず、一方的にイライラをつのらせているわけです。これはもう、現在の社会においては、育児・家事をひとりでマネージメントするのは、そもそも不可能だというスタートに立つ必要があるでしょう。完全にキャパシティ越えなのです。

ところが、「妻は育児・家事を担当すると決めたのだから、夫が外で仕事だけしていて何が悪いの？」という一世代前の分業感覚は依然として強く残っています。男性に限らず、女性でも産前は漠然とそんなふうに感じていた人は多いことでしょう。たしかにきっちり分業するのは一見理にかなっているように思えます。ただしこれが成立するには「育児・家事は十分にひとりでマネージできる作業量だ」という前提が必要です。

でも、家族の形態や地域のつながり方は一世代前とは明らかに変わってきています。例えば調理中に醤油がきれてしまえば、昔は「お隣さん」にわけてもらえば済みましたが、最近ではそんな近所づきあいはそうそうありません。醤油を使わない料理に変えるか醤油を求めスーパーに走るかどちらかでしょう。そもそも近所の商店に行かずとも、インターネットで日々の食材を購入出来る時代です。地域のコミュニケーションは当然希薄になります。また、安全・防犯意識も格段に高まり、子どもを家でひとりにするのは危険だというのが今のスタンダードです。情報量は増え、子どもにとって最善のケアを丁寧にしたいという意識ばかりが高まります。こうした状況ですから、よほど積極的でかつ高いコミュニケーション力のあるママでなければ、近所の人と安心かつ安全で深い関係を築くことなどできません。社会サービスの力を借りない限り、ほんの10分赤ちゃんを見ていてもらうこともできないのです。

このように、社会の状況が様々に変化した現在では、産後すぐの「育児・家事」をママがひとりで切り盛りできるというのは、完全に見積もり違いと言えるでしょう。

仕事で言えば、見積もりのミスはスタッフに連日の徹夜を強いることになったり、あるいは、膨大な仕事量のプレッシャーで精神的につぶれるスタッフが出たりといった事態を招きかねません。見積もりミスの家庭でつぶれるスタッフはママです。そう考えると、「外で仕事をしているから育児・家事はやらなくても大丈夫」という考え方は、パパの明らかな見積もりミスだと言えます。「産後の育児・家事をひとりで乗り越えるのは無理」を新しいスタンダードにしましょう。

パパが行動を起こさない限り、その見積もりを誤った過剰な役割は、ママに定着していきます。しかしそれは同時に、パパへの不信感も定着してしまうことになるのです。

心はアウトソーシングしないで～頼りたいのは「パパ」

こういう話になってくると、合理的なパパからは必ずと言っていいほどこんな声が聞こえてきます。

「そんなに大変なら、産後は里帰りで実家にがっちり面倒みてもらえば」

「俺がやらなくたって、サポートサービスを利用してお金で解決すればいいでしょ」

「だいたい女性がかかえこみすぎ！　なんでも自分でやらなきゃ気が済まないでしょ？　アウトソーシングすればいいのに」

もちろん育児期には、夫婦以外の力にヘルプを請わなければ乗り切れないようなシーンが多々あります。必要に応じて、アウトソーシングするのは大切です。

ただしここで、パパ自身が全然やる気も見せずに「アウトソーシングしたら？」と言い放つのはちょっと違います。ママが自分の置かれた状況を理解し、関わって欲しいと思っているのは、他の誰でもなく、いっしょに「親になった」はずの「夫＝パパ」なのです。

まずはパパ自身が、仲間として自分も手を出す姿勢を見せなければ、ママは救われません。

これは図にして客観的に見るとけっこう残酷な状況で、**パパだけが「無傷」を通そうとしているようにすら見えてしまいます。これでは、「もう、パパに期待するのはやめよう。いっそ、いないと思った方が楽」というママのあきらめにつながり、家の中にパパの居場**

所はなくなってしまいます。

「幸い祖母が近くにいるのですが、私が頼りたいのは夫なんです」

「夫に子どもの面倒を頼むと、自分の実家に連れていくだけ」

「家事の協力をあおぐと自分の母親をヘルプに呼んじゃうんですよね」

育児・家事を自ら負担せずに頭上を通過させてあっさりアウトソーシングしてしまうパパたちに対して、ママたちからは寂しさと怒りの混ざったような訴えの声があがります。

なにも忙しいパパに嫌がらせして「負担せよ！」と求めているわけではありません。いっしょに「ふたりの子ども」のことに気持ちを向けて欲しいだけです。ママがともに子育てをしたいのは、他の誰でもなく「同じ親」であるはずの「パパ」だということは絶対に忘れないでください。忙しくても、ちょっとでも自ら関わり、ママといっしょに積極的にアウトソース先を探すなど、心だけはアウトソーシングせずに家庭の方を向いていてください。

産後1年目の大切な時期、「ずれ」が広がりすぎないうちに、まずはこれら3つのマインドセットを原則にして、「同時に親になる」チャンスを逃さないでください。

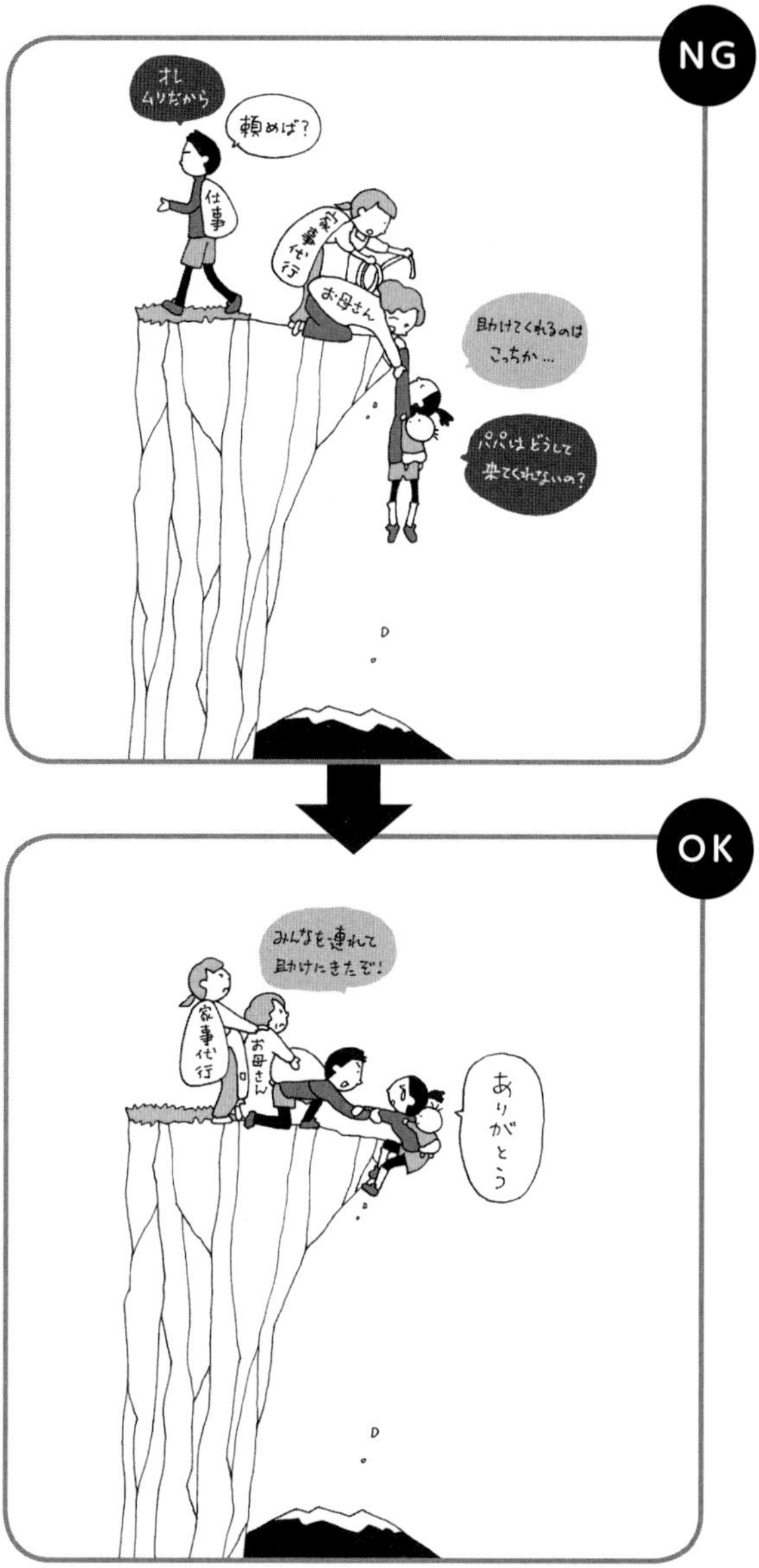
NG
オレ
ムリだから
頼めば？
仕事
家事代行
お母さん
助けてくれるのは
こっちか…
パパはどうして
来てくれないの？
OK
みんなを連れて
助けにきたぞ！
家事代行
お母さん
ありがとう

［対策2］パパの小さな一歩がママを救う

仕事という時間的制約の多い中、パパはいったい何ができるでしょうか？「すでにだいぶずれちゃったから無理な気がするんだけど……」「育休なんか取れないからあきらめるしかないでしょ？」などと、どうか背を向けないでください。制約があってもパパが力を発揮する方法はあります。いきなり高い目標をかかげる必要はありません。「小さな一歩」でも方向性が合っていれば、ママを救いその不機嫌を解くことだってできるのです。

「関係ない」からの脱却

まずは、はじめの一歩として「ママに任せているから関係ない」「俺は仕事をしているから関係ない」という態度を変えることからスタートしてみてください。

これは、ふたり目のお子さんを育てているママのエピソードですが、夜遅く、子どもふたりが同時に具合が悪くなり、高熱と嘔吐で大変な状態になってしまいました。とても手が回らず、飲み会中のパパに電話で帰ってきてほしいと伝えます。ところがパパは何度連絡しても「帰れない」と言うばかり……。やむをえずひとりでケアし続け、深夜に帰宅したパパを家に入れないくらいの勢いで怒り、大げんかになったそうです。その時、強いやり取りの末とはいえ、「俺だって帰れない事情があったんだよ。そっちが昼間に遊びに連れ出して勝手にそうなったんだろう！」と言われたことは、いまだにママの中で嫌な記憶として残っています。

高熱を見守る不安と嘔吐の処理を同時にふたり分だなんて、子どもの看病経験者なら想像するだけでぞっとする状況です。パパには本当にどうしても帰れない事情があったのかもしれません。ですが、だとしてもその事情をていねいに説明し、「○時には帰れるからそれまでがんばって」と電話口でママを励ますことはできたはずなのです。

そうしたちょっとした言葉や態度のひとつひとつが「同時に親になる」ための責任なのだと考えてください。まずはそれだけでもママは救われます。

互いの行き違いをなくすための「小さな一歩」が、やがて大きな変化をもたらした例もあります。「男は仕事で稼ぐのが家族への役目」というタイプのパパと、育児・家事専業のママというご夫婦のケースです。ママは産前から、仕事に打ち込むパパの働き方を受け入れていました。ですが、孤独な育児がスタートし、平日はパパとまともに顔を合わせる時間もない生活が１ヶ月も過ぎたころ、積み重なった無理と不満が爆発します。

「私の話を聞いて！　このままじゃおかしくなる!!」

この時蓄積していた思いを伝えたのを境に、互いのコミュニケーションをどうにか増やそうとママが始めたのが「ふせん作戦」でした。

「使ったコップはシンクに入れておいてね」

「今日は、夕方泣きやんでくれなくて疲れた！」

　こんな具合に、日々のちょっとしたことを、ふせんに書いてテーブルにぺたぺたと貼っておくことにしたのです。時には大きなふせんにあふれるほどの訴えを書いたことも。やったことはシンプルでこれだけなのですが、大きな効果がありました。たとえ直接顔を合わせて話すことができなくても、翌朝、ふせんの貼り位置が変わっているのを確認することで、ママは「パパに伝えられた」という安心感が持てたそうです。

　そのうちにパパの方から、ふせんの余白にひとこと返事を書いてくれるようになり、これまでは頼みごとが中心だったママの方も「おつかれさま！」などとポジティブなことも書くようになりました。小さなふせんの積み重ねは、単なる伝達ではなくプラスのコミュニケーションツールになったわけです。文字に書くことでママの気持ちが整理できたことと、直接顔を合わせないので互いに感情的にならずに済んだことも効果的だったといいます。

　さらに、当初はママがパパに「今やって欲しいのはそれじゃないんだけどな……」と思うシーンが多かったのが、いつの間にか「今やって欲しいこと」を自然にフォローしてくれるようになるなど、実務面での協力体制もアップしました。**ママの「気づいてもらえない感」は解消され、「いっしょに育児をしている感じ」が高まったそうです。**

このパパが担当している育児や家事の時間や分量は、わずかなものかもしれません。それでも、パパがママの声に向き合い家の中のことに関心を持てば、それだけでここまでの効果があるのです。だからどうか「仕事で時間がないから無理！」とあきらめたり背を向けないでください。家庭の情報やママの気持ちを共有するのにたいした時間は使いません。

他にも、パパが関心を持っていることがママに伝わるポイントはいくらでもあります。例えば「保育園の連絡帳を夫が楽しみにして読んでいる姿」をうれしく思うというママの声もあります。「無関心」「無関係」という態度を自分なりのステップで少し変化させるだけで、いっしょに「親」になるはじめの一歩を踏み出すことができるはずです。

「手伝おうか？」はNG！　ソリューション提案へ

例えばこんなシーンを想像してみてください。

週末の夜、赤ちゃんの機嫌を見定めながら大慌てでの食事が終わりました。ひと息つく間もなく、「はぁ」と大きなため息をつきながら立ち上がり食器を片付けにかかるママ。なんとなく居心地が悪そうなパパはおもむろに「手伝おうか？」と声をかけましたが、ママの反応は微妙です。

この「手伝おうか?」という表現は、夫婦の「ずれ」を象徴する代表的なNGワードです。「手伝う」という言葉に含まれる、どこか「本来自分の仕事ではないけれど」というニュアンスが、ママにはどうにもひっかかってしまうのです。「手伝う」だなんて、いつから私だけの仕事になったの? あなたの仕事ではないの? そもそもあなたの当事者意識がないところがさ……と内心イラッとしてしまうわけです。

パパとしては、少しでもママの負担を減らしたいと思ってかけた言葉なのですからこんな反応をされたらがっかりでしょう。でも先ほどの「応援ではなく仲間になる」というマインドセットを思い出してください。ここで重要なのが表現の変換です。ママを外側から応援するのではなく、自分も同じ担当者サイドに立つとどうなるでしょうか。この場合なら、「手伝おうか?」ではなく、「あ、洗い物は俺がやるよ」と言い換えられるはずです。これだけでママの受け止め方はまったく違ったものになり、素直に「じゃぁお願い、ありがとう」となるのです。

もしかしたら、ママが「それなら洗い物じゃなくて、今のうちに子どもをお風呂に入れて来てくれる?」と言うかもしれませんが、それはパパの申し出を拒絶しているのではなく、パパが快くやろうとしている気持ちが伝わったからこそ、ママが素直に他のことを頼めているのです。こんなふうに、**パパが育児・家事に対して「当事者」らしい言い方ができれば、ママの受け入れ方は変わってきます。**

仮に自分が苦手な家事分野だったり、時間がどうしても取れない場合は、作業そのものを交代できなくても、「当事者」の一員として「ソリューション提案」する方法もあります。

例えば、もし妻がやたらと慌ててガチャガチャと料理をしている場合を考えてみましょう。パパもイライラを感じ取り嫌な気分になり、「無理して作らなくていいよ。弁当でも買えばいいのに」と言いたくなるかもしれませんが、そこで頭の中を「当事者」モードに切り替えてみてください。すると、「ご飯毎日作るのは大変だから、今日は弁当にしよう！　俺が今から買ってくるよ!!」となるはずです。

「弁当でも買えばいいのに」というのは、自分で責任を負わない突き放した表現ですが、「弁当にしよう！」というのは調理のアウトソーシングをするという立派なソリューション提案です。しかも「買いにいく」という責任を引き受けています。食べ終わった容器をさっと洗って捨てるところまでやれば、作業負担も肩代わりできます。

もしかすると「お弁当ならピザの方がいいんだけど」と、なぜかピザをとることになるかもしれませんが、これも、ママがパパの提案を拒絶したからではなく、受け入れたからこその展開です。パパが「当事者」意識を持たずに、「大変なら弁当買えば？」と外側から言うだけでは、ママはむしろ意地になって料理し続けてしまう可能性が高いでしょう。提案型の発言はそんなママの意地を少しやわらかくして、パパを素直に受け入れるきっかけにもなります。

パパがママと「同じ側」の視点に立って発言したり、ソリューションを提案することによって、ママには「パパがいっしょに問題を解決してくれた」という安心感が生まれます。これはまさに「いっしょに育児をしている」という感覚です。小さな安心感を積み上げていくうちにパパへの信頼感が回復していくはずです。

「痛み分け」の発想で本気が伝わる

パパが「関係ない」から脱却し、態度や発言が「当事者らしい」ものに変化するだけでも、ママには大きな救いになります。ですが、実際にパパが時間を作り、育児や家事の実務を受け持ってくれるのであれば、それに越したことはありません。

とはいえパパも、外での仕事が忙しくなかなか思うように時間が取れないというのが現実でしょう。ママだって、パパのそんな状況はよくわかっています。だからいきなり「大きなこと」をしようとしないでください。家事スキルがきわめて高いパパの例や、時間とお金に余裕のあるパパの例などに惑わされる必要はありません。今やっている「小さなこと」の質を少し上げたり、範囲をちょっと広げたりすることから始めればいいのです。身の丈にあったことから始めます。

例えば、ふだんは用意されたゴミを出すだけだったパパなら、自分から収集日に応じたゴミを集めて捨てにいくようにします。それだけでもママにとっては「大きな変化」で、パパの気持ちが伝わり「うれしかった！」というママの声があるのです。言われたらやるタイプだったパパが「頼まなくても皿洗いをしてくれた！」と喜ぶママの声もあります。日常的に育児や家事をバリバリと分担している夫婦から見たら「甘すぎる」と思えるレベルかもしれませんが、まずはそれぞれの現状から、「一歩」を踏み出すことが重要です。

こうした具体的な一歩のためにパパに意識してほしいのが「痛み分け」という考え方です。ママが環境の激変にさらされているのだから、自分も多少の痛みをともなう「変化を受け入れる」ということをポイントにしてください。パパ自身が、１ミリでも自分の生活習慣を変化させて、育児・家事生活に巻き込まれようとしていることが伝われば、ママはパパの本気を感じてあきらめの気持ちを抱かずに済むはずです。

例えば、どうしても飲み会をゼロにできない事情があったとしても、こんな痛み分けの方法もあります。あるパパは、今まで当たり前に行っていた二次会に出るのをやめて、一次会だけで帰って家で子どもの寝かしつけを担当しました。この時ママは、パパが当事者として巻き込まれてくれたことがとてもうれしくて「家族になったな……」と感動したそうです。逆に、一次会は欠席して子どもを寝かしてから二次会にだけ参加したというパパもいます。ママは「子どもが寝てからならいくらでも！」と快く送り出したそうです。小さなステップでも、ママの心にはちゃんとパパの当事者意識が伝わりました。

ささやかに見えるようなことでも、自分自身の習慣を変えてみせることはとても重要です。子どもが生まれる前の生活に、ただ漫然と「お手伝い」を追加するという発想ではなく、積極的に巻き込まれ、自分もほんの少しでも「痛み分け」してみてください。

本当に一日に10分でいいから家事の時間を作れないか？　本当に週に一度でも早く帰れる日はないのか？　本当にこの飲み会には参加しなくてはいけないのか？　そんな不断の問いかけを自分自身に投げかけていくことが、「ふたりが同時に親になる」ことへの大切な一歩になります。

パパの育休は「落とし穴」に気をつけて

理想を言えば、出産後の育児・家事体制としては、パパが最低でも1ヶ月、あるいはそれ以上の育休を取って、最初から「ふたり体制」で取り組めると良いでしょう。ママだけが一方的に育児・家事のスキルをアップさせてしまう前に、素人ふたりが横一線で協力体制を敷くことで、「親」としての仲間意識をよりスムーズに持つことができるからです。

ただ、理想通り十分な育休期間を取れるパパがそれほど多くないことは第3章で見た通りです。これだけ取った経験者が少ないまま「男性の育休」が注目されると、取得しただけで十分責任をクリアしたかのようなイメージを持たれがちですが、それはちょっと違います。この期間を生かせるのか無駄にしてしまうのかはパパ自身とそれを受け止めるママ次第です。

ひとつ目の落とし穴は、「戦力外休暇」です。残念なことに、せっかく数ヶ月レベルの育休を取っても、パパは自分のペースを崩さずママもどこか遠慮して、結局ママがほぼすべてを担当する、なんてことも残念ながら本当に起きてしまっています。こんなふうにパパが「お客様」状態になってしまっては、パパのケアのためにママの家事がさらに増え、本末転倒です。家庭で戦力として働くための休業制度だということを忘れずに、これだけは避けましょう。

ふたつ目の落とし穴は、「育休燃え尽き型」です。例えば、ママの退院に合わせて1週間の育休を取ったパパがいるとしましょう。ほんの1週間とはいえ、慣れない家事に必死に取り組み、赤ちゃんのケアもがんばりました。充実の日々を過ごして1週間後、職場に戻ったらまた以前と同じ激務の日々が始まり、毎晩深夜に帰宅して家事なんていっさいしなくなってしまったとしたらどうでしょう？　たしかにその期間だけはママは大助かりですが、長期的に見たら、これでは、パパの「育児体験」で終わってしまいます。

1週間限定の育休よりも、毎日定時帰りとか、有給休暇を使って自主的に週休3日制にするとか、そんなペースを数ヶ月本気で継続してくれた方が、ママとしては助かるかもしれないのです。実際、「育休取れとは言わないから、週に1回でもいいから定時で帰って助けて欲しい」というママの声もあります。派手さにとらわれず継続的なサポート体制を追求してください。

では、男性の育休で肝心なのは何でしょうか？　それは、「しんどさの共有」です。特に産後すぐの育児・家事は、「終わりなき継続性」「たたみかける連続性」という特徴があります。ひとつずつの作業レベルが低くても、いくらこなしても、その都度また別の作業が目の前に現れてくるので、どこか不死身の敵と戦っているような感覚です。短距離走ではなく、ゴールのないマラソンをし続けている状態と言ってもいいでしょう。これは実際に体験してみないとなかなかわからないものですが、逆に言えば、このキツささえ夫婦でリアルに共有できれば、後々まで続く信頼感のベースがふたりの間に築けるはずです。

パパがママの負担に対して「何がそんなに大変なの？」としか思えないか、「大変だよね、お疲れ様」と自然に思えるかどうかは、この時期の育児現場のリアルをともに戦って

いるかどうかで大きく変わってくるでしょう。

実際に育休を1年間取った経験のあるパパにお話を聞いてみると、このリアルな現場感を鮮明に記憶に焼き付けていました。例えば、このパパは最初の数ヶ月間すべての料理を担当したそうですが、1日に3度食事を作る「だけ」のことが、こんなにも大変なのかとつくづく感じたそうです。さらに、慣れないなりにレシピを見ながら苦労して作った料理を、「味がいまいち」という理由でママが食べてくれなかったことがあったそうで、その時のショックは今でもはっきり覚えていると言います。1日中家族としか向き合わない生活の閉じた空気や、育児に終わりはなく赤ちゃんというのはどうにもコントロール不可能だということも体感しています。

お話を聞きながら、男性でありながら、育児独特のしんどさを説明なく簡単に共有できるのを感じました。この「楽に通じる感じ」がママにとっては重要なのです。

育休を通じて、パパに実感が共有され危機感として心に残れば、その後も続くママの負担に共感できる力強い基盤となります。男性の「育休」というのは、「育休」後の持続可能な協力体制を作るための大切なベースの期間だと考えてください。

赤ちゃん「を」パパ「に」慣らす最強サポート

育児初年度の、とくに最初の数ヶ月間には、パパが育休を取れなくてもぜひ意識して欲しい重要ポイントがあります。それは、赤ちゃん「を」パパ「に」慣らすことです。なぜなら、ママの育児負担が固定化してしまう原因のひとつに、赤ちゃんが「ママじゃなきゃだめ」になってしまうことがあるからです。

例えば放送作家の鈴木おさむ氏は、東洋経済オンラインの「男性学・田中俊之のお悩み相談室」で田中俊之先生と対談をした際に、妻が普段授乳して赤ちゃんを寝かせる姿に危機感を覚えたと語っています。

出産半年後に控えた妻（森三中・大島美幸さん）の仕事復帰では1週間の海外ロケがあるとわかっていたので、「僕はぞっとしました。こうして寝ることを覚えてしまったら、妻が仕事でいないときにどうやって寝かせるんだと」。そこで鈴木氏は、「自分のにおいやフォルムを覚えさせ」自分だけで赤ちゃんを寝かしつけられるようにしたそうです。

たしかに寝かしつけは「授乳」とも密接に関係するため、パパにとってはハードルが高い育児作業だと言えますが、早い時期に「パパ慣れ」をしておかないことの余波は、その後の育児分担に大きな影響を与えてしまいます。

赤ちゃんがパパに慣れる時間が確保できない家庭の多くでは、赤ちゃん側の「ママじゃ

なきゃダメ」という力強い泣き声による抵抗が、いつしかパパ側の「俺じゃダメだから」という あきらめと逃げ口上につながります。するとママも「もう面倒だから自分でやろう」という自己完結モードに入ってしまうことになり、完全に「育児＝ママ」というループにはまってしまうのです。

さらに寝かしつけは乳児期だけのことではなく、幼児期やその後も続くということも忘れてはいけません。また共働きの家庭であれば、「パパ慣れ」の時期を逃してしまったために、保育園の送り迎えでさえ「ママじゃなきゃだめ」ということになりかねません。「パパ慣れ」自体は早い時期からスタートした方がよいと思いますが、「ふたり目の妊娠で安静が必要になり、さすがにどうしようもなくなったパパが上の子の面倒をみてくれるようになった」と言っていたママもいます。つまり、パパだって追い込まれれば「やれる」ということです。このパパだって、乳児期の育児に対する危機感さえ本気で認識できていれば、ひとり目育児の時からできる力はあったはずなのです。

0歳児育児を一般のママレベルでこなしているパパに話を聞いてみると、最初からミルク併用で「母乳だからママしかできない」問題はクリアし、夜は2交代制でママとパパの睡眠時間を確保していたそうです。フリーランスなので、赤ちゃんと接する時間がそもそも長いということもあるかもしれませんが、外出はもちろん、最大の難関の寝かしつけも難なくパパひとりでこなしていると言います。多くのパパが「男だからできない」と思い込んでいる種のことは、実際には「赤ちゃんがパパに慣れていない」からでしかない、ということがよくわかる例です。

なかなか「パパ慣れ」の時間が確保できないパパもいるとは思いますが、それでもあきらめないことが大切。まずは少しずつでも、ママが赤ちゃんと離れられる時間を作ることを目標にしてみてください。1時間ママがひとりで自由に動ける状態を作ることは、オムツ替えを100回担当するよりもはるかにママの負担を軽くすることができます。

チームの共感力をアップするために

パパが仲間としてママと子育てチームを組むには、子育て中の家の状況への理解や共感が大切です。パパの時間が限られていとしても、それを少しでも高めていける方法をご紹介しますので、ぜひ試してみてください。

ワンオペ体験で高める育児・家事への想像力

パパの育休のポイントとしてあげた通り、「育児独特のしんどさ」をパパが実感として共有することは、ふたりの強いつながりになります。この感覚は、赤ちゃんとふたりきりの時間を数時間過ごした程度でわかるものではなく、1日通して、1週間続けて、1ヶ月続けてこそ強い実感が持てるものです。ところが、育休なんて取れないパパが多いのが現実。

そこでぜひおすすめしたいのが、パパの「1日ワンオペ育児・家事体験」です。週末など時間がまとまって取れるときに、できれば、朝から夜まで1日通しでパパが育児・家事のすべてを担当してみてください。

ミルクや搾乳した母乳を哺乳瓶で飲むのに赤ちゃんが慣れてさえいれば、後はパパの気持ちひとつでいつでも挑戦できます。ママは家にいると手を出したくなってしまうので、できればどこかに出かけてしまいましょう。パパの慣れや母乳の都合などで1日が無理なら、3時間とか半日とかの目標からでもかまいません。

この目的は、パパがほんの1日でも育児にまつわる作業を「フルセット」で体感することにより、ママの日ごろの「ワンオペ状態」への想像力を高めることにあります。赤ちゃんという存在がいかに「コントロール不能」で大人を放っておいてくれないか、育児のすきま時間での家事がいかに「効率が悪くはかどらない」か……。こういった感覚を理解するには、実際に体感してみるのがいちばんです。

長期の育休を取ったパパや育児・家事をメインで回すパパは、「実際にやってみるとイメージとはまったく違った」と言います。そしてたいてい「取れるなら男性も育休を経験した方がいい」と言うのは、育児現場のリアルを肌身で感じたことで、夫婦のあいだの「共感」が強くなったからでしょう。

赤ちゃんのかわいさや尊さなんてものは、努力なんかしなくてもちょっと触れ合っていれば簡単に実感できるし、共有もできます。でも、赤ちゃんのケアをしながら家事をひとりでマネージメントする厳しさは、意識的に体験する努力をしないと、正確に想像することすら難しいのです。

パパが、「1日体験」を終えて、「俺が完全に甘くみていた！　本当にきつい!!　ママはこんなに大変だったんだね」と率直に言い、ママも「でしょ？　きつくってさ……」と素直に受け止められたら、ふたりの「仲間」度はぐんと上がります。パパが「俺はうまくやり通したよ、コツがあってさ……」なんて対抗意識を燃やしたり、ママが「たった1日で大変とか甘いんだけど」「私は毎日これやってるんだからね！」などと扉を閉ざしたら台なしですから、ここはお互い素直になってください。そうすれば、ちょっと気持ちが楽になり、力強い共感のベースになるでしょう。

ひとつだけ気をつけて欲しいのは、たった1日限定のワンオペ体験を乗り切れたからといって、「なんだ余裕じゃん」と育児・家事を過小評価しないこと。実際には、それが1週間、1ヶ月、2ヶ月……と続いていくことを必ず想像してください。

パパが育児・家事を評価する際の前提条件があまりにも現実離れしているという現象は育児現場にとても多く、ママを困惑させる原因になっています。例えば、ある時パパに「子どもの面倒をひとりでみるのは大変じゃないと思っていた。だって俺でもやれているから」と言われて「びっくりした」というママがいました。このパパが実際に子どもをひとりで世話した最長記録は週末の1～2時間くらいだったそうなのです。パパに悪気はなくても、ママとしてはがっくりです。

もしパパが単発の1日体験から本気で想像力を働かせることができなければ、かえってママの失望を深めてしまうかもしれません。

家事の担当は「スポット型」から「プロジェクト型」へ

パパが家事や育児に割ける時間の少ない家庭では、通常ママが切り盛りしている作業の一部を、パパが「スポット型」ですることが多くなります。こうしたケースで陥りがちなのが、パパが「ママの部下状態」という構図です。

例えば、週末の夜だけは洗い物をパパがやるというようなパターン。食器を洗い終わったパパは「やっと洗い終わったよ」と一息ついていますが、シンクの周りは水浸しのまま放置された状態に……。するとママの視点では、「こまめに拭かないと水垢がたまるでしょ!!」と、パパの作業レベルの低さが気になってしまいます。

日常的な家事の担当率が低いパパは、ひとつひとつの家事における長期的な視点になかなか気づけません。パパからすれば「食器がきれいになる」というレベルはクリアしているのに、ママから細かいやり方に指導が入り、文句を言われたという気分に。こうしてパパとママの間に「家事をめぐる上下関係」が生まれ、せっかくパパが家事を負担しても、ママには余計に不満が募り、パパの意欲はすっかり減退してしまいます。この状態では

「チーム」とは言い難く、居心地のよいものではありません。

そこでおすすめしたいのが家事の「プロジェクト型」担当です。「スポット型」が、ゴミを運ぶだけとか、夜だけ皿洗いとか、ある家事の一部を担当するのに対し、「プロジェクト型」では、家事をひとつ丸ごと「パパのプロジェクト」として全権委任します。トイレ、お風呂、ベランダ、玄関など場所を限定した掃除とか、ゴミ管理、特定の日用品の買い物など、日中家にいられないパパでも全面担当できる家事は探せばいくらでもあります。「パパのプロジェクト」に定めた家事は、パパが継続的に責任を持ち、クオリティをコントロールします。もちろんやり方も自分で決めてOK。ママはパパの手法にはいっさい口出しせず手も出さない、後でこっそりやり直してあげるのもなし、というルールにします。

例えばお風呂掃除であれば、任されたパパは、やたらに専用のブラシや洗剤を買い込んだり、ネットで掃除の知識を調べてみたり、スケジューラーで掃除の予定を管理したりと、ママとはまったく違うアプローチをするかもしれませんが、それに文句を言ったり揶揄《やゆ》したりするのはなし。すべてをパパの自由な裁量に任せます。

この方式のいいところは、家事の中に「パパの管理テリトリー」をはっきり作れることです。これによりパパは「家庭内の業務」への責任を負いつつ、自分なりのスタイルを作り、自分のペースで進めることができます。少なくともそのテリトリーにおいては、パパは「ママの部下状態」から脱却することができます。

また、家事に慣れていないパパにとっては、ひとつの家事を継続的に受け持つことで、家事のサイクルに必要な細かなポイントに気づけるというメリットもあります。布団なら、敷く時に便利な順番でしまっておくとか、洗面台の汚れは1ヶ月で落ちなくなるからこまめに拭いておこうとか、後々楽になる方法に自然と変化するはずです。

こうなると、例えばパパが風呂掃除プロジェクト担当の場合、パパからママにお風呂の使い方について要求したくなることもあるでしょう。パパは「口うるさいママ」のロジックにも気づくでしょうし、ママも言われる側の気分を味わうことになります。双方「お互い様だな」と思えれば、互いの家事への共感はアップするでしょう。

上下関係で「指導する側」と「やらされる側」という構図ではなく、信頼して「任せる側」と「責任を負う側」という関係こそが、チーム力をアップし「ふたりで同時に親になる」ための鍵になります。

第5章

ふたりは同時に親になる②

自分たちのスタイル構築

パパとママが仲間の気持ちでチームメイトとして本気の一歩を踏み出したら、そこからようやく夫婦で協業するための試行錯誤が始まります。チームで快適に育児・家事をこなすには、衝突しながらも「自分たちなりのスタイル」を作っていくしかありません。個人の考え方の違いや夫婦ごとに異なる制約の中で、ふたりなりの好バランスを見つける秘訣を見ていきましょう。

ママの「環境対策」をふたりで検討

ここまで見てきた通り、産後のママの問題はママをとりまく環境の激変に原因があり、ママ個人の心の弱さが原因なのではありません。ですから、ママを取り巻く環境をどう改善するかという「環境対策」の視点で産後の問題を整理するのが重要です。パパがパートナーとして、環境対策室の室長になるつもりでいっしょに課題を整理してみましょう。

重要なのは優先順位

ひと口に環境対策と言っても、ママの変化は多岐にわたっていて、実際に何から手をつけていいのかすぐにはわかりません。パパが「何をしたら楽になるか言ってよ」と気遣ってくれても、当のママ自身にも整理がついていなくて、明確に答えられるとは限りません。

疲労とイライラが強すぎて、「全部大変なの！」「何でもいいからもっとやってよ！」「何をすればいいかなんて、自分で考えて！」といった攻撃混じりの全面要求になりがちです。こんな状態のまま、パパが手当たり次第に対策を講じても十分な効果は得られそうもありません。

当たり前のことですが、同じ女性でも、体力や考え方、それまでの経歴や育った環境などによって、産後の「つらさ」を感じるポイントは千差万別です。

第2章で見た産後のママに降りかかる４つの環境変化を思い出してください。例えば睡眠不足や肩こり、腰痛といった「身体」的な環境変化をいちばんつらいと感じているママに、「どんどん外に出かけていいよ」「新しい資格とか取るなら応援するよ」といったぐあいに「社会」的なつながりを強める環境対策をしてもまったくのまと外れ。「身体」的な変化がつらいママは、「いや、今はただ寝ていたいだけで外に出かけるのすら面倒なんですけど……ましてや頭なんて使いたくないし」というのが本音です。

また、仕事を辞めたことで日々の張り合いをなくしてしまったことがつらいママに、「家事も育児もがんばっていてすごいと思ってる。不安な気持ちはいくらでも聞くから、俺の仕事中でかまわないからメッセンジャーでなんでもつぶやいて」と「精神」面をフォローする声をかけても、これもあまり意味がありません。このママにとっては仕事を失ったという「社会」的な環境変化がいちばん大きいわけですから、「別に育児の不安とかないし。そうじゃなくて、母親業だけの状態がつらいわけで、ほめられてもね……私にも仕事させてよ」となってしまうわけです。

このように、ママの「つらさポイント」にヒットしない対策は、いくらパパが一生懸命に講じてみても、ママの「そこじゃない感」がつのるだけという残念な結果に終わってしまいかねません。ふたりで課題を整理して、対策の優先順位をつける必要があります。

産前・産後シートで「つらさポイント」を見つける

こうした環境対策の「ずれ」を埋めるために有効なのが次のページの「産前・産後シート」です。1枚の紙を2列4行に区切り、その横軸に「産前」「産後」、縦軸に「時間」「身体」「社会」「精神」の項目をふるだけの簡単なものです。

この用紙に、ママが「産前はこうだったけれど、産後はこんなふうに変わったな……」という変化を書き込んでみてください。具体的な状況はもちろん、ものの感じ方や考え方、あるいは生活習慣の変化でもなんでもかまいません。マイナスの面だけでなく、プラスの変化もあるでしょう。

あまり深く考え込まずに、5分くらいで一気に書き出してみてください。もし5分で時間が足りなければ、気の済むまで書いてください。ジャンル分けも厳密でなくてかまいませんから、思いつくだけどんどん書き出しましょう。

書き終えたら、今度はそれをパパに見せて、産前と産後で自分がどのくらいの環境変化にさらされているのかを、なるべく客観的に説明してみてください。パパは、第3章で取り上げた「傾聴スキル」を思い出して、そのまま受け止めましょう。

産前・産後シート

	産前	産後
時間		
身体		
社会		
精神		

次に、自分の書き出したものの中で、いちばん「つらい」と思っている変化に○印をつけて、その結果をふたりで共有します。もちろんひとつに絞れないこともあるでしょうから、その場合は1、2、3と順番をつけてもいいでしょう。ここで○印のついたものが、いまのママにとっていちばんのストレスの元であり、最優先で環境対策をした方がいい項目です。その環境のつらさを少しでも軽くする方法をふたりで考えてみてください。

例えばもし、**産前は「料理が苦手」だったけれど、産後は「毎日料理をしなければいけない」という環境変化に○印がついたのであれば、まずはここから対策を講じます。**

もちろんパパが毎日の調理を代われればベストですが、それだけがソリューションではありません。朝食は調理のいらないもので簡単に済ますとか、週に○回は夕食をお弁当にするとか、積極的に手を抜くことも有効な対策になります。

ママ同士で話していると、「夫が品数がそろってないとダメな人で……」とか、「夫が買った総菜や冷凍食品は嫌がるので……」という話が出ることがありますが、そんな「我が家の常識」自体を変えることも重要な環境対策です。産後の緊急事態で守るべきなのは、「我が家の家庭料理のクオリティ」ではなく、ママの心と身体の健康の方です。

このやり方で「私は洗い物をしてもらうことがいちばんうれしい」と気づいたママがいましたが、そんな場合は、パパが食器洗いを担当することが何よりうれしい環境対策になりますし、食洗機の導入が夫婦ふたりで「前向きに手を抜く」ための強力な解決策になるはずです。

他にも、「洋服選びが大好き」だったのに、今は「授乳や育児に楽な服しか着られない」が上位に来たママであれば、赤ちゃんをパパに預けて好きな服で出かける機会を作ることが環境対策になるでしょう。

この産前・産後シートは、ママ自身の課題を整理するだけでなく、パパがママを知るための大切なツールにもなります。出産を経て「親」になったママにどんな変化が生じ、そしてその変化がどんなストレスになっているのかを可視化してふたりで共有することで、ママの安心感とパパの想像力はアップするはずです。

パパが「大変だったら、何をしたらいいか言ってよ」と言い放つだけでは、なかなか有効な解決策は見つかりません。

ポジティブ面とパパの変化にも注目

対策を立てるために「つらさ」に注目しましたが、出産による「環境変化」は必ずしもネガティブなものだけではありません。産前・産後シートに書き込んだ変化の中から、「よかった」と思えるものも探してみてください。そのポジティブな変化は、多少無理をしてでも守り伸ばすことで、バランスが取れ、変化を乗り切る力になります。

例えばママが「自分の健康を気遣うようになった」「規則正しい生活ができるようになった」という変化をうれしいと感じているなら、パパが週末に昼まで寝ているのをやめて、家の中の規則正しいリズムに合わせることでポジティブ面を維持できます。

また、「子ども連れで行動するようになって、社会の見え方が変わった」という変化をプラスにとらえたママが、その視点を仕事に生かせるような勉強をしたくなったのなら、勉強時間を取れるようにパパがサポートするのが効果的でしょう。

この産前・産後シートは、ママの環境対策が少し落ち着いてきたところで、ぜひパパにもやってみてほしいと思います。もちろん、産後すぐの局面ではママの環境対策が最優先ですが、その後は、育児・家事への関わり度合いの高いパパほど、パパ自身のケアも必要になってくるからです。子どもの出産後、パパに起こった環境変化にもきちんと向き合うことは、大切なステップです。ママと比べればその変化は小さいかもしれませんが、それでもパパなりにものの感じ方や習慣が変わっているはずです。

例えば、子どもが生まれてから飲み会を我慢していたパパが、実は「飲み会ゼロ状態」がいちばんストレスになっているならば、月に○回は飲み会参加を解禁して、その分週末にママの自由時間を増やすというルールを作ってもいいでしょう。もしパパが「毎日深夜まで仕事をするスタイルをやめた」ことをプラスに感じているなら、それは意識的にキープする努力をしてください。そうすれば、変化のポジティブな面が際立ってきます。

育児が始まれば、夫婦ふたりとも、それまでの「自由」が制限され、できないことも我慢することも増えるものです。大きな制約の中で、**夫婦という体制を「持続可能」なものにしていくには、お互いに強く要求し合うばかりでなく、相手の状況を知り、サポートしあったり許容しあったりすることが重要でしょう。そしてそんな簡単そうなことが、意外ととても難しいのです。**

この1枚のシンプルなシートが、そのための便利なツールなるはずです。子どもの成長やパパとママの慣れに応じて「つらさポイント」も「よかったポイント」も変化していきますから、1度やったら固定ではなく、時々試してはアップデートすることも忘れないでください。

協業ならではの3つの壁

「環境対策」を検討して実際にパパが育児・家事の作業面で協業し始めたときに、多くの夫婦がぶつかる壁があります。これは、パパだけのせいにされることが多いのですが、実はママの側に潜在的に原因がある場合も。「ほらママがいけないんだ！」「いやパパがいけないんでしょ！」ではなく、ふたりでせーので越えなければならない壁です。

パパがやるとママに怒られる！の謎

私が新米パパ講座の講師をした時のアンケートに、「家事か子育てに口を出す・手を出すと『あなたは手を出さないで』となってしまう」という一節がありました。パパ同士で話していると、こんなふうにママの「受け入れ拒否」が話題になるそうです。別のイベントでママのもやもや感を聞いていた時には、パパが「だって全部やり直すでしょ、自分のやり方でないとダメでしょ、おむつの置き場所だって……」と控えめに主張していたのも印象的でした。

パパがママに「やらないで」と拒絶されたり「やり方が違う」と否定される現象はあちこちで発生していて、パパたちの困りごとの代表格です。パパにとっては、実は最も行き詰まり感もストレスも強いことかもしれません。育児・家事をもっとやれ！と世の中もママも言うのに、やったら受け入れてもらえないという不思議な現象に、パパたちは「じゃあいったいどうしたらいいの？」という気持ちをかかえています。「だったら黙って言われたことだけやるか」と引っ込めば、こんどは「主体性がない！」と怒られママの機嫌は悪化。……たしかに八方ふさがりです。一方ママの側からは、「結局私がやり直すことになる！」「いい加減すぎて任せられない！」という声が聞こえてきます。

ママの拒絶には大きくふたつのパターンがあり、ひとつ目は、パパの技術が低すぎて本当に「やるだけ迷惑」なパターン。この場合は、パパが得意そうなことから慣れて少しずつ技術力を上げることが解決の道です。でも実は、多くの人が直面しているのはこちらではなく、ふたつ目の拒絶パターン。「パパのやり方を許容できない」という、ママ側の問題です。

例えば、食器洗いの場合、「皿がきれいになる」という最低クオリティには達しているのに、水で洗うかお湯で洗うかとか、洗剤の量とか流し方、終了後のスポンジの置き方になど、パパのやり方がママの流儀と違うことだらけで、それにママが耐えられないという状況です。ママとしては流儀云々ではなくてクオリティが足りていないようにしか見えないので、ついパパの技術力の問題だと思ってしまうのですが、「ふたりの協業」を前提に公平に見るなら、そこはママのこだわりすぎです。

もしママの本音が「（そのやり方で）やらないで」「（その手順で）やられても迷惑」で、「（私のやり方でならぜひ）やってほしい」と思っているとしたら、ママの側がまず発想を変えてみてください。「パパのやり方でいいからやってほしい」への転換です。

産後のいわば家庭の緊急事態には、ママクオリティの家事が行き渡ることよりも、パパ流儀でいいから「ふたつの手」があることの方が重要です。ふたりの流儀が混ざれば、家事クオリティも作業効率も必ず一旦下がるでしょう。でも、夫婦で家事を協業する時代には、家の中に家事の流儀がふたつあるのが当たり前、クオリティもデコボコ、が新しいスタンダードです。

流儀の違いはいくらでもあります。ゴミ箱に次のゴミ袋をセットするのはどのタイミングかとか、タオルの畳み方は二つ折りか三つ折りかとか、靴下はどちら向きで干すかとか……。まずは「どっちでもいいか」からスタートして、どちらかの流儀に合わせる時は、じゃんけんで決めるぐらいのゆるさを家庭に持ち込んでみてください。

女性は自分で思っている以上に、家事にテリトリー意識があって管理を手放せないところがあります。頭の回転が早く家事さばきレベルの高いママほど、自分のタイムラインにパパを組み込んで手足のように動かしたくなってしまうものです。ロボット状態で使われる側はけっして快適ではないでしょう。そして何より、これでは実はママの手や頭は本当の意味ではちっとも空かないのです。「協業」のためには、是非ママが本気で「手放す」「任せる」という覚悟を持ってください。

これは言うのは簡単でも、ママにとって実行するハードルが非常に高いことだと思います。第４章の最後で紹介した家事の「プロジェクト型」はこれをスムーズに実行し、口出ししたくなるのを抑制する手法でもあるので、ぜひ試してみてください。

ママが手を抜いても楽にならない！の怪

「これ以上抜けないくらい家事の手を抜いているつもりなんだけど、いっこうに楽にならない……」ある時そんなママの声を聞きました。

世の中には「時短」「効率化」「アウトソーシング」といった共働き家庭を切り盛りするための言葉が並び、あたかもそれらを取り入れることで、多くの問題が解決できるかのように思われがちです。でも、ほんとうは真っ先にやらなくてはならないのは、目指す家事のレベルを「ダウングレード」することなのです。

産後すぐから育児期にかけて、「絶対にやらなくてはならない家事」の量はとにかく増えていきます。慣れない育児に取り組みながら、これらの家事を滞りなくこなしていくのは、それだけでもう大変。ところが、多くのママたちはここでさらに、自らハードルを上げてしまいがちです。

「あったかファミリー」の呪縛とでも言えばよいのでしょうか、新しい家族を迎え入れたママたちは、常に明るく清潔に片づけられた部屋や、栄養バランスの取れたあたたかい手作りの食卓、といったイメージにとらわれてしまいやすいものです。もちろんこうしたイメージの家庭は理想かもしれませんが、それはあまりにも現実とかけ離れた世界です。

これはママたちが、昭和的な専業主婦家庭の家事レベルをイメージしてしまう影響もあるかもしれません。「男は外で稼ぐのが仕事」というイメージと同様、意外と根強いイメージです。そのイメージにとらわれ、ママは自分だけでこなせる家事の量ではないと気づいても、最新の家電や家事代行サービス、それからパパの力もフルに導入して、高すぎる目標にそのまま挑もうとしてしまいます。

仕事でもそうですが、どんなに効率化しようがアウトソーシングに費用をかけようが、さらには部下を倒れるまで働かせようが、不当に高すぎる目標はやはり達成できません。そこへいくと、家事の場合は自分たちふたりで好きに目標を設定できるのですから、まずは「目標ライン」を下げてしまうことが先決です。

例えば毎日の食事。「三食栄養のある手料理を作るべき。夜は一汁三菜以上」なんていう高い目標を達成するために、宅配の調理食材セットや家事代行サービスを駆使する計画を立てるよりも、まず、その目標を下げるのが先。「朝昼晩のどれか1回だけは手料理にする。栄養重視だけど一品料理でＯＫ」というぐらいを目標に設定します。

さらに、「目標ライン」以下の手抜きデーがあったってかまいません。お弁当を買う日があってもいいし、たまには夫婦でカップラーメンを夕食にしたっていいんです。

もちろん母体の健康や母乳のことを考えれば栄養バランスのよい食事は大切ですが、イメージ通りの「理想の家庭」なんていうものは、産後の育児期に夢見るものではありません。理想とする家事レベルの60％くらいを目標値にするくらいでちょうどいいでしょう。まずはふたりの間できっちり下げた「目標ライン」を設定し、そのラインで満足するという意識に切り替えることが必要です。家事を「ここまでやらないとダメ」という基準を決めているのは、結局のところ自分たち自身でしかありません。

どこかで見た、誰かに言われた、記憶に残っている理想の家事レベルにとらわれる必要はありません。これからの新しい時代にふさわしい「新しい夫婦のあり方と子育てのスタイル」を作っているのは自分たちです。妥当な家事レベルに目標ラインを引き直すことを忘れないでください。

無限に足し算しすぎ！の計算ミス

それまでひとり暮らしをしていたふたりが夫婦になると、当初は様々なメリットがでてきます。ふたり分の収入で基本的な生活費を分担できたり、家事もふたりでやれば半分の作業で済んだり。ふたりのリソースを合算できることのポジティブな面はたくさんあるものです。

ところが、赤ちゃんが生まれるとこの状況は一変します。

赤ちゃんというのは、絶対的にケアをし続けなくてはならない存在ですから、夫婦ふたりのいずれかは常に赤ちゃんに手も時間も取られることになります。結婚によってこれまでできていた「足し算」が、今度は赤ちゃんによって「引き算」を余儀なくされていきます。これは単純に時間の問題だけでなく、お金の問題にも直結していきます。

出産当時フリーランス同士だった私たち夫婦の場合、もともと生活も仕事も同じ家の中だったところに、赤ちゃんの世話が加わりました。当たり前のことですが、私が仕事をしている間、赤ちゃんをだっこしている夫は仕事ができません。夫が仕事をしている間、私は仕事ができません。夫婦のどちらが何をどのくらい担当しようが、ふたりの時間はそれぞれ24時間ずつしかなく、赤ちゃんのために必要な時間はそこからしか出せません。仕事も子育ても、「片方がやっている時は、もう片方ができない」という、実にシンプルな現実に直面しました。育児というのは、絶対的に「時間」の確保が必要だったのです。仕事への影響は想像以上に大きく、できる仕事量はぐんと減りました。家事は極限までいい加減にしたとしても、赤ちゃんからは目を離せません。かと言ってフリーランスは会社員とは違い、仕事をゼロにしたら収入もゼロです。

これはとても大きなジレンマでしたが、生活が維持できる範囲で、一時的な収入減を受け入れるしかありませんでした。赤ちゃんをケアするための時間が魔法のように創出できるわけもありませんから、時間配分を変え、結局のところ収入を「引き算」することでしか、育児スタート期に必要な時間は確保できませんでした。

夫婦ふたりで24時間ずつしか時間がない中、こうした「引き算」がどちらかに偏ってしまうと、「自分の不自由」はなんでも「相手がやらないせい」に見えてくるものです。当時の私のようなフリーランス同士が家で仕事をしている生活だと、こういった「バランスゲーム的」状況が見えやすいのですが、会社員のパパと、いったん専業主婦状態になっているママの組み合わせになると、この状況はかなり見えにくくなります。

ですが、それは単に見えにくいだけで、パパにもママにもとても大きな「引き算」が突き付けられていることを忘れないでください。たとえどんなに外部サポートを利用して効率よくやったとしても、赤ちゃんを育てる時間は絶対にゼロにはできません。

夫婦ふたりで「足し算」をしてきたそれまでの暮らしに、そのまま育児をプラスしようとしても、育児に必要な時間もパワーも捻出できません。ママだけでなくパパも必ず何かを「引き算」することでしか対応できないのが基本です。

働く時間を減らすのは収入減のイメージがあって怖いかもしれません。でも、会社員で受給資格にあっていれば、産休中の手当や育休中の給付金もあるわけで、夫婦フリーランスでそれらがゼロの立場から見ればうらやましいレベルです。いろいろな生き方がある中、実はもう一歩フレキシブルに考えても大丈夫な人も多いのではないでしょうか。

制度に守られている人ほど最大限に有効利用しようとするため、パパの収入は絶対キープしてママの収入減だけで済ませようとしがちです。もっと自由な選択、例えばパパの収入減を視野に入れるだけで、選択肢は大きく広がります。お金の事は生活がかかっているのできれいごとではすみませんし、大きな不安の元であるのは確かです。でも、そういう生活基盤ごとふたりで組み直すくらいの視点が「ふたりで親になる」ことには大切でしょう。

働き方も育児も、従来の「理想的」なスタイルを維持する努力をするよりも、フレキシブルに変化させていけることの方が、きっとこれからの時代は強さになります。ずっと同じなんて無理。自分たちなりにどんどん変えていけばいいのです。

ふたりの親イメージをチェック

「専業＆片働き」と「共働き」のどちらのスタイルを望むのかはもちろん、仕事の位置づけや生活のあり方に対するスタンスは人によって大きく異なります。夫婦といえども、それぞれの親としてのイメージがはじめから同じということはそうそうありません。そもそもお互いがどんな「親イメージ」を持っているのか確認することは、自分たちなりのスタイルを作るための重要なスタートになります。

「男は仕事、女は家庭」についてどう思う？

男女共同参画に関する調査結果などで、「夫は外で働き、妻は家庭を守るべきである」という固定的性別役割分担意識についての設問を見かけたことがある人は多いと思います。みなさんはこの考えに賛成か反対かどちらでしょうか。試みに、賛成から反対のどの辺りに自分の意識があるかを夫婦でせーので指差してみてください。ふたりの感覚は同じでしょうか？　どのくらい違うでしょうか？（Ｐ196チェック図）

こんな簡単なチェックでも、お互いの気づかなかったストレスを知ることができます。

例えばパパが固定的性別役割分担に「賛成」でママが「反対」の場合、ふたりの役割イ

固定的性別役割分担意識チェック

「夫は外で働き、妻は家庭を守るべきである」
という考え方をどう思いますか？

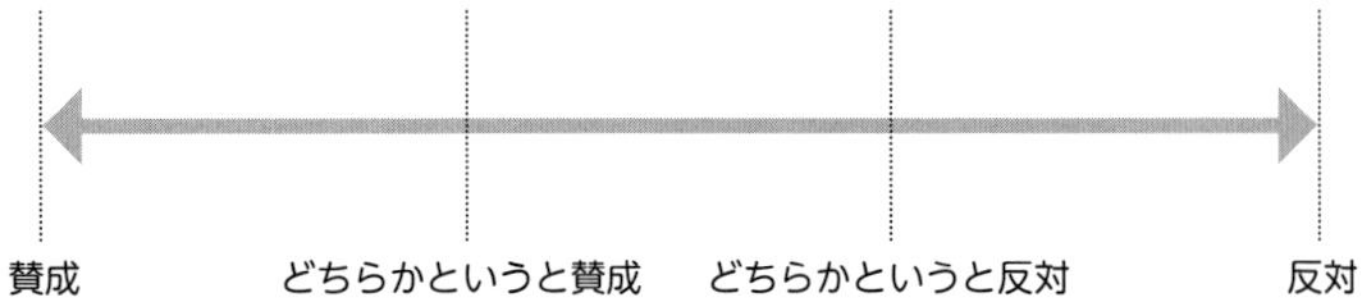

メージが両極にあるので、一方が満足するスタイルがもう一方には不満という状態が生まれます。パパだけが働いてママが専業だとママは不満だし、共働きだとママは満足でパパは不満です。イメージと現実の役割が遠い側のストレスは高まるわけです。

もし、ふたりとも固定的性別役割分担にきっぱり「反対」ならば、共働きで育児・家事をイーブンに担うスタイルでお互い前向きにがんばれるはずです。ところが同じ共働きでも、ママは「反対」で、パパが実は「どちらかというと賛成」だとすると、担うべき家事負担のイメージがふたりの間でずれている可能性が高く、ふたりとも微妙なストレスをかかえることになりそうです。

こんなふうに、**固定的性別役割分担についての考えは、それぞれの親イメージとつながっている**

ので、その違いを知るだけで、ふたりのずれの構造が見えてきます。

パパの役割ってどんなこと？

もうひとつ別の視点で見てみましょう。「パパの子育て」と言ったときに何をイメージするでしょうか？　パパ自身が思い描いているパパ像と、ママが期待しているパパ像はそれぞれどんなものなのか、夫婦でお互いに知っていますか？　これをチェックするために、家族社会学や男性学の分野で類型化される父親の役割像のパターンをいくつか参考にして、３つの役割を軸にしてみました。（P198チェック図）

ひとつ目は、外で働いて稼ぐという「扶養」の役割。ふたつ目は、社会のルールを教えたりしつけや教育をする「子どもの社会化」の役割。ここでは積極的に子どもの遊び相手をしたり発達を意識したコミュニケーションをとることも含めます。そして３つ目が、子どもの世話そのものをするという「ケア」役割です。ここには家事も含めます。

この３つの役割領域を「パパの役割」として、それぞれどの程度重視しているか、次の図にチェックしてみてください。パパは○、ママは△などでそれぞれ自分の考えに合う位置に印をつけます。

このチェックでは、ふたりの会話のずれを確認し、隠れたストレスを見つけることがで

パパの役割イメージチェック

パパは３つの役割をそれぞれどの程度重要だと思っていますか？
ママはパパに３つの役割をそれぞれどの程度期待していますか？

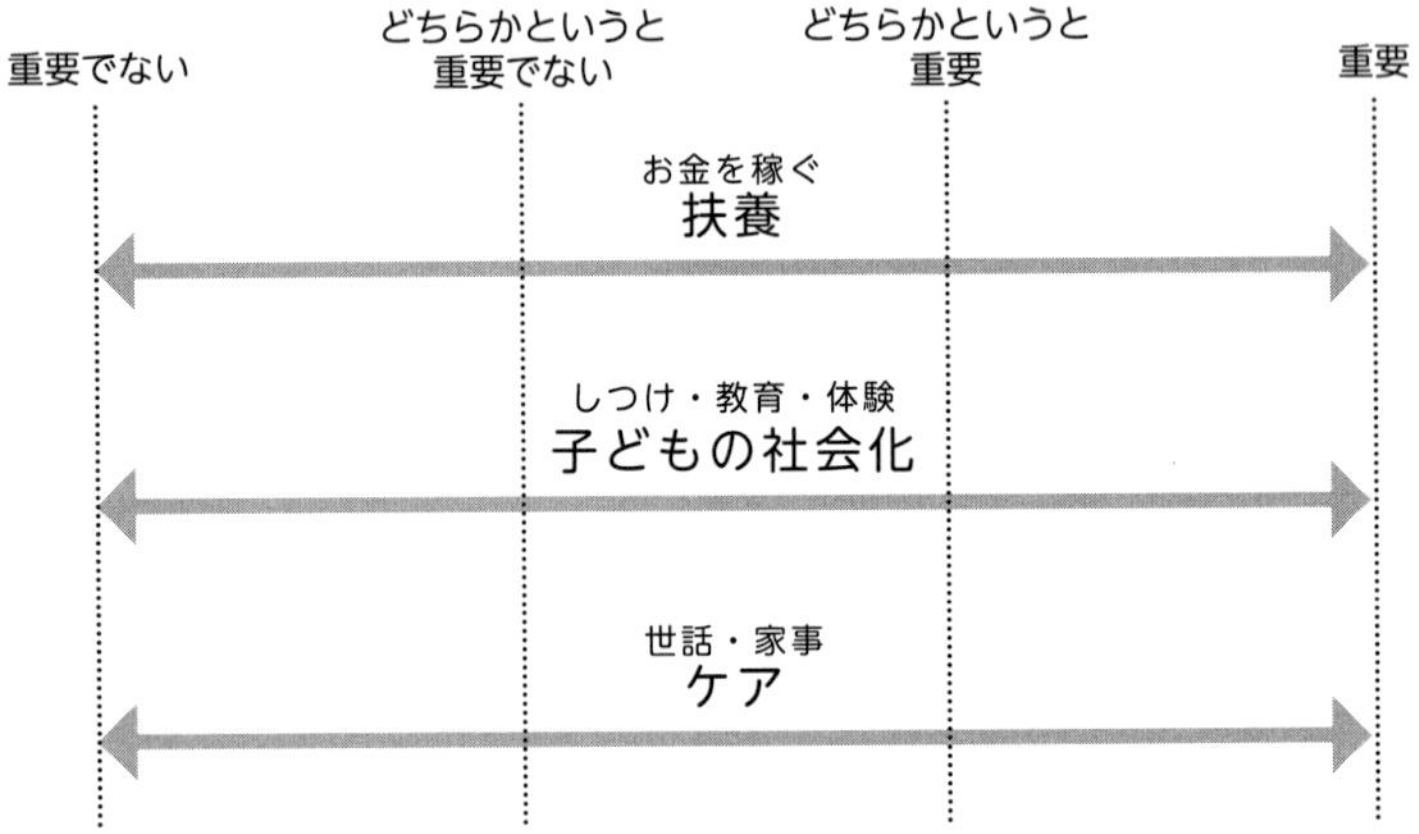

きます。

例えば、仕事に打ち込み、家事をやらない激務タイプのパパがもし、「扶養」役割だけを重視しているなら、「ケア」役割である家事を担当していなくても、このパパ自身は十分な満足感があるでしょう。**でも、そのパートナーのママの方が、直接子どもの世話をする「ケア」こそ「パパの役割」だと考えていたとしたら、このママにとっては相当ストレスになるはずです。「責任を果たして欲しい」と思うママと「責任は果たしているのに」というパパの間で責任の前提が違いすぎて、いっこうに話が噛み合わないことになってしまいます。**

同じく激務タイプのパパでも、もし３つの役割領域すべてを重視していて、「すべて担ってこそ父親だ」と考えているとしたら、仕事のせいで子どもと関わる時間や家事時間を捻出できない自分の状況に、パパ自身が強くストレスを感じているかもしれません。この場合、もしパートナーであるママも仕事をしていて、ママの思うパパ像が「扶養」を重視していないとしたら、パパの「扶養」イメージの重要度を下げてもらい、パパの収入が減ってもいいから仕事時間を減らす選択をふたりですればいいでしょう。

役割イメージが夫婦でどのくらい近いのか、また、遠いのかを確認できているだけで、コミュニケーションの土台はまったく違います。パパの役割イメージ自体が夫婦でまったく違うことに気づかないまま、いきなり家事分担表を作ったり、「もっと父親らしくしてよ！」とママが言っても、反発しあう気持ちだけが残ってしまうでしょう。

ずれているからダメなわけではない

さて、これらのチェックをしてみて、ふたりの親イメージは、近かったでしょうか？　それともずれていたでしょうか？　夫婦だとしても、自分の持っている親イメージを具体的に口にする機会というのはあまりないもので、意外な発見があったかもしれません。

「親」としてどうありたいかというイメージには、自分自身に対するものとパートナーに求めるものとがあります。自分自身の育った環境が「よいお手本」になっていることもあれば、逆に「反面教師」として作用していることもあるでしょう。これはふたりがそれぞれの人生を背景に形作っているものですから、ぴったり一致することの方が難しいかもしれません。

もちろん、それぞれが抱いているイメージが、「親」としてのスタート時に同じ方向を向いているに越したことはありませんが、違う人生を過ごしてきた者同士なのですから、ずれていても心配することはありません。慌ててずれを埋めようと話し合い「今日から親の定義はこれでいこう！」などと方針決めをするのも、なんだか現実的ではありません。人の考えや感覚は、そう簡単に切り替えられるものでもないでしょう。

大切なのは、お互いの持っているイメージを知ること、それにともなうお互いの痛みを知ることです。「こんなにずれていたら話も合わないよね」「え？そんなふうに思っていたの？」と笑い飛ばすくらいの気軽さで一旦受け止めてしまいましょう。

ふたりのイメージ差が大きいことに気づかないまま、産後の大激変の中でお互いが主張だけしあえば溝は深まるばかりでしょう。最初の1年で、ある意味「効率よく衝突」しながら互いが歩み寄っていくためには、ふたりのイメージ差を知ることは大切なスタートになります。徐々に歩み寄って、自分たちなりのスタイルを作っていきましょう。

好バランス夫婦の秘訣は？～４つの事例から

専業＆片働きスタイルでも共働きスタイルでも、夫婦の間の好バランスというのは成立します。また、たとえ育児・家事の分担量が完全にイーブンではないとしても、いっしょに育児をしている感覚というのは生まれるものです。でも、何がそのポイントになっているのでしょうか？　ここではスタイルの異なる４組の夫婦のケースから、「ふたりで親になる」好バランスの秘訣を探っていきます。

case 1

「専業」ママ＆「激務型」パパ～互いのプロ意識を認め合う

育児・家事専業のＡさんと、いわゆる「激務型」のパパ。出産前は、Ａさん自身もパパ同様の「激務型」な働き方をしていましたが、その後、育休からの復帰を前にしたタイミングで、パパの転職と遠方への引越しが重なり、退職して専業主婦になりました。

自身の母親が忙しく働いていたＡさんはその反動もあってか、もともと「専業主婦志向」だったので、育児のために仕事を奪われたという感覚よりも、むしろ「専業主婦のプロになってやろう！」という前向きな気持ちでした。

とはいえ育児はやっぱり大変。最初に住んでいた都内でも引っ越し先でも、育児仲間のつながりを積極的に作るなどして立ち回ります。その後3人の子に恵まれ育てていく中で大変なことはもちろんありましたが、夫に対する不満がひどく強まったことはなかったと言います。

最初の出産時、Aさんは1ヶ月だけ里帰りしたものの、その後、実家からのサポートはなし。パパは育休の取得もなく、平日は早朝に出て夜は9~10時台に帰り夕食は家で食べるという生活でした。パパの家事技術がもともと高いというわけでもなかったので、育児・家事負担のほとんどがのしかかってきたはずのAさん。そうした状態にもかかわらず、パパに対して不満が強まらなかったのはどうしてなのでしょう。

その理由は、仕事が忙しい中でも、パパが家庭の方をきっちり向いていたからでした。育児の初めの頃から、育児や家庭内のことについてのAさんの話をよく聞いていたというパパは、ママが抱えているトラブルについてもきちんと関心を持ち、いっしょに解決策を考えるという姿勢がはっきりしていたそうです。

例えば、ママが母乳トラブルで悩んでいる時には、客観的な情報を調べて病院に付き添ったり、「こんな便利な育児グッズがあるらしい」と話していたら、すぐにネットで注文してくれたり、ママの手が回らない時期には食材宅配の業者を調べあげてくれたり、といったぐあいです。

育児や家事にともなう「痛み」をパパが共有し、ともに解決しようと考えているのが目に見えてわかり日々実感できるため、Aさんは「孤独感」を感じずに済んだのでしょう。Aさんはパパのことを「実際に手を貸せていなくても、頭で育児や家事に参加してくれる感じ」と表現します。家事の分量では計れない、心で併走している感覚がふたりにはあります。

ちなみにAさんはとても頼み上手でもあり、パパが得意そうな育児・家事は積極的に「プロジェクト型」で任せてきました。

具体例を挙げると、日用品から調味料まで、家中の在庫管理がパパの担当。平日に買い物に行く時間などないパパですが、ネットで注文して無理なくこなしています。自主的に在庫をチェックしていつの間にか補充しておいてくれるという徹底ぶりなので、ママからパパに指示するという関係ではありません。おかげでAさんは自分でオムツを買いにいった記憶すらないと言います。赤ちゃんの世話も、毎日クリームを塗るなどのシンプルなルーチンワークはパパの役目でした。Aさんは「私より効率よくやれる」と安心して任せていています。

そんなAさん夫婦ですが、ふたり目のお子さんの育児がスタートしてまもなく、とても厳しい状況に直面したことがありました。上のお子さんとパパが同時に入院してしまったのです。生後3ヶ月の赤ちゃんがいるだけでも大変なうえに、当時は双方の実家から遠く離れた地方に住んでいたため、身内のヘルプをすぐに頼むこともできませんでした。病院にも車で数十キロ単位の移動が必要な土地柄です。

この時は、ありとあらゆる手を尽くして何とか急場をしのいだAさんですが、ちょうどパパの多忙にも拍車がかかっていた時期だったこともあり、「このままではいずれ共倒れしてしまう」と強く感じたと言います。その後、夫婦で相談した結果、生活基盤を整えることを重視してパパは二度目の転職を決断。ふたたび東京へと居を移すことになりました。「激務型」のパパですが、家族の置かれた現実に応じて、仕事の環境を変えるという柔軟な対応をしたことは大きなポイントです。

Aさん夫婦は、「パパは仕事、ママは家庭」という、いわゆる「昭和型」の典型的なスタイルです。世の中には共働きの育児の話があふれていますが、まだまだ現実にはこのように役割をはっきり分け合うスタイルの夫婦もたくさんいます。Aさんの場合、それぞれの役割に対する納得感が非常に高く、双方に責任感やプロ意識がありお互い認め合っている様子が話のあちこちからにじみ出ていました。そこに、好バランスの秘訣があるのでしょう。

とはいえ、けっしてこの役割は固定的なわけではなく子どもの成長とともに変化しています。現在Aさんはパートタイムで仕事をするようになり、お金を稼ぐことの重さを思い出し、パパへの感謝の気持ちも強まったそうです。一方ママが週末仕事で家にいない時間ができるので、パパも苦手なりに家事を担当するようになり、家事力もアップしました。「家事がとても苦手」だったパパでも、家庭の方を向いていれば、こうしてスキルを上げられるわけです。もちろん基本は「昭和型」のままですが、「いい意味で役割の垣根が下がった気がする」とAさんは言います。

こんなふうに柔軟に形を変えながらも、そのフェーズにあわせて役割の納得感を保てていることが、好バランスの大事なキーになっていそうです。

case 2

「ゆる働き」ママ＆「仕事中心」パパ〜経済格差で崩れたバランスを解消

妊娠・出産を機に、激務だった職場を離れ専業主婦になったBさん。専業主婦には抵抗感があったものの、自分自身の体力や体調面の不安などを考えると「やむをえない」と納得していました。パパはもともと「自分のことは自分でやる」タイプで、ふたりで生活していた頃は対等な自立した関係でした。子どもが生まれてからも時間がある時はパパも家事をやっていましたが、生活の中心はあくまで仕事なので、そこまで積極的には家のことに関われません。そのため出産後の家庭の中は、当然Bさんを中心にまわっていきました。

Bさんの育児は前向きにスタートし、赤ちゃんつながりの友人にも恵まれ、むしろ「パパに頼らずに育児を楽しもう」という気持ちでいました。育児の大変さはもちろんたくさんありましたが、パパに対して決定的な不満を持つようなことにはならずに済んでいました。

そんなBさんとパパのバランスが、家の購入を境に少しずつ崩れ始めます。それまではなかった「やしなう／やしなわれる」という感覚が、ちょっとしたところで現れるようになったのです。

その頃すでにふたり目が生まれていたBさんは、多忙な育児の疲労から、パパに対して「自分のことは自分でやって」という態度になることが増えていました。一方パパの方は、ローンというプレッシャーを背負い、「自分が買った家を占領されている感じ」や「お金を運んでいるだけのような気持ち」になっていたのかもしれないとBさんは言います。

いつしかふたりの間で喧嘩が増え、売り言葉に買い言葉とはいえ、「誰が稼いでいると思っているんだ！」「ほんとうは私だって稼げるのに！」という決めゼリフと反発が行き交うようになります。Bさんの家では、パパが月々の決まった生活費をママに渡し、それで足りない場合はママがパパに申請するというスタイルを取っていましたが、このやり方も経済的な上下関係を強調することになってしまいました。

そこでBさんは、ふたたび働くことを決心します。ただし、育児にもそれなりに手をかけたいとの思いがあったため、正社員としてフルに働くのではなく、1日4時間、週に3日間だけという働き方を選択しました。

しかし、この程度の勤務時間では、認可の保育所を利用することができないのが今の日本の現状です。上のお子さんが幼稚園、下のお子さんは未就園という状態からのスタートはとても厳しいものでした。幸い下のお子さんが認可外の保育所に入れたためとりあえず道が開けましたが、その後も子どもの年齢に応じて預け先には苦労します。小学校に上がっても公的な学童保育は利用できず、民間学童を利用するなどしてどうにか綱渡りで乗り越えてきました。

これらはすべて割高な保育先ばかりですから、収入に見合わない費用をかけてまで働く必要があるのかと迷ってしまいそうなものです。でも、その点Bさんの気持ちははっきりしていました。収入の金額は重視しない、働く時間は増やさない、自分の時間も確保する、という原則を貫きます。自分が働いて収入を得ている状態でいることこそが重要だとわかっていたからでしょう。

Bさんの気持ちは、働き始めてからははっきりと変化しました。自分も「稼いでいる」という自信と安心から、パパと張り合わずに「まぁいっか」と思えることが増えたというの

です。同時に、仕事を再開したことで、働くことの大変さや半休ひとつ取ることの大変さも思い出しました。それらによりパパへの態度も変化したのでしょう。ふたりのバランスは明らかに改善し、喧嘩が減ったそうです。

ちなみにパパは、「手は出さない代わりに、口も出さない」というスタンスで、Bさんが子どもを預けて仕事を始めることには反対しなかったそうです。「手は出さない」と聞くと全面的に非協力的な印象を受けますが、フレックス制度を活用してママが仕事の午前中に子どもの面倒をみたり、朝は皿洗いや掃除をしてから出勤したりなどもしてくれたといいます。それはきっと、「面倒くさいから手を出さない」という意味ではなく、パパの考える役割ラインが「原則として家事・育児はママの役割」だからなのでしょう。

今でもBさんの家では育児・家事の負担はママに偏っているといいますが、そのこと自体にBさんはさほど不満はないそうです。一度崩れかけた自分の役割への納得感を、仕事をして収入を得ることで取り戻せたからこそ、好バランスが保たれたのでしょう。

なお、その後Bさんは体調を崩して仕事を辞めてしまったのですが、それから1年もしないうちにその会社から打診があり、現在は自宅でリモートワークという好条件で同じ仕事を再開しています。Bさんは「恵まれている」「たまたま」と繰り返し表現しましたが、信頼されるだけの仕事をしていたからこそ会社側も前例のない打診をしたのでしょう。制度なんていうものは、人ありきで後からついてくるものだと感じさせられます。

経済的な上下関係によって生じたふたりの間のずれを、仕事を始めることで修復できたBさんのケースは、新しい働き方がまだまだ過渡期の現在のモデルとして、参考になることが多いのではないでしょうか。

case 3
「フリーランス」ママ&「自営業」パパ〜小さな接点を積み重ねる

Cさんは、元々自宅が職場のフリーランスで、出産を機に仕事をいったん休止しましたが、子どもを保育園に預けて仕事を再開しました。パパはというと、自宅近くに事務所をかまえる職住近在の自営業。事務所ではアシスタントもかかえているため、料理好きのCさんがまかないとして夕食をふるまうという役割も担ってきました。

パパは典型的なハードワーカーで事務所で寝起きするような生活です。育児・家事の時間が多いはずがないのにもかかわらず、Cさんにはパパに対する不満がないというのです。不思議に思い詳しく話を聞いてみると、いくつかのポイントが見えてきました。

まずひとつ目は、Cさんが、自身の役割とパパの仕事ぶりについて非常に「納得感」が高いことです。育児・家事の作業負荷はCさんに集中していても、パパの仕事の事情や厳しさが手に取るようにわかっているので、アンフェア感はありません。パパの仕事場が家から近く、まかないで夕食を届けるCさんは日常的に顔を出しているので、常に伴走している関係なのでしょう。それに加え、夫婦ともにそれぞれが好きなことを仕事にしているという充足感を持ちながら認め合っていることや、元々Cさんが料理好きだったということも、役割の納得感にプラスに働いています。

そして次に、「無理をしすぎない」ということです。体力的にも精神的にもいちばんきつい産後すぐの時期、Cさんは実家に2ヶ月半帰省し、赤ちゃんのケアや自分の身体への負荷を下げたそうです。その時期にたまたまパパの仕事がピークを迎えていたことを知っていたCさんは、自分ひとりではどうしようもない状況が起こる前に、無理せず実家の手を借りる事を選んだわけです。無理しすぎない原則はCさん自身の仕事にも適用していて、産後は産前よりも仕事量を意識的に減らしているそうです。そこに焦りや不満は感じていないので納得感は高く保てています。

そして最後は、なんといっても「パパとの接点」がきちんと持てていることです。パパはひどいハードワークながらも、話をとてもよく聞いてくれるし、子どもの様子について興味を持って聞いてくれているのがよくわかる、とCさんは感じています。

なにかと伝えたいことの多い育児初期の頃、Cさんは仕事中のパパにメッセンジャーでひたすら細かな出来事を報告したり、とりとめのない写真を送ったりしていたそうですが、パパは後からでも必ず返信してくれたそうです。ママには「聞いてもらえている」「把握されている」という安心感が生まれ、「孤独感」を感じることはありませんでした。

たとえ時間が短くても、リアルな接点を継続して持つ工夫もしてきました。パパが仕事で事務所に泊まり込んでも、朝はなるべく自宅に戻って朝ごはんを家族いっしょに食べていたので家族のコミュニケーションがなくなることはありませんでした。赤ちゃんとの関係も、新生児期は、パパが事務所のまかない料理を取りに家に立ち寄り、そのついでにお風呂上がりケアだけは必ずパパが担当するという習慣にしていました。

このように**「高い納得感」、「無理をしない」に加えて、「パパの心の関わり方とリアルな接点」があるおかげで、Cさんの「ふたりで育児をしている」という感覚は深く、争うことのない好バランスを保っています。**

本当にびっくりするほどネガティブなエピソードがないCさんなのですが、パパとママの仕事の忙しさが一時的に逆転した時の小さな気持ちの変化を話してくれました。普段は「パパは睡眠すら取れていないから」と許せていたことが、「私以上に寝ているのなら……」ちょっとイラっとしていることに気づいたそうです。自分の役割への納得感というのは好バランスにはかなり重要な要素だということがわかります。

Cさんの場合はフリーランスと自営業という珍しい事例かもしれませんが、これからの時代、夫婦ふたりが「同時に親になる」ためには、Cさん夫婦のような、柔軟性のある働き方がいっそう大切になってくるはずです。仕事の内容や量、働く場所を自らコントロールする自由には責任もリスクもともないますが、その分自らの納得感を高めるチャンスも広がるでしょう。

case 4

「フルタイム」の共働き〜こだわりのないフラットさが心地いい

最後に挙げるDさん夫婦は、東京や大阪といった大都市圏を中心に、今後ますます増えてくるであろう「今どきの共働き」のケースです。

会社勤めをしているDさんは、育休後、スムーズに復帰して子育てを続けています。産後すぐは両方の実家から、それぞれの母親に半月ずつヘルプに来てもらって乗り切りました。同じく会社勤めのパパは、産後すぐの時期には取らなかった育休を、子どもの保育園がスタートする前に半年間取りました。Dさんがパパよりも1ヶ月早く仕事に復帰したので、パパはワンオペも経験しています。

現在では子どもは延長保育の充実した幼稚園に通い、ママは時短勤務をすることもなく、パパと自然に育児・家事を分担しながら仕事を続けているそうです。

共働きの育児というと、どこか制約が多く余裕がなく夫婦の衝突も多い印象がありますが、育児・家事をめぐるふたりの関係は、じつにフラットでゆったりしている印象です。そんなふたりの理想的な関係の秘訣はどこにあるのでしょう？

Ｄさんによれば、ふたりは育児や家事に対して「こうあるべき」というこだわりやプレッシャーがもともとなく「お互い気づいたことを気づいただけやればいい」という感覚だそうです。幸い価値観がとても近かったとこともあり、「どっちがどれだけやった」という視点にならないのだと言います。その結果、育児や家事の負担に対してお互いに「やってやった感」を出すこともなく、どちらも自然に「ありがとう」と声をかけています。

「こうあるべき」というラインがないことは、ふたりで育児・家事を切り盛りする上での強力な武器になると感じさせられます。いい意味での「ゆるさ」がキーになっていると言えるでしょう。Ｄさんの家庭では、この「ゆるさ」故に便利家電や家事の省力化が最大の効果を発揮して心地よさを生み出しています。

洗濯でいえば全自動洗濯乾燥機をフル活用。「スイッチを押したら、後は出すだけなので」とあまり負担な様子はありません。食洗機も「入れたら洗って乾燥まで終わる」わけですし、掃除も平日はせずに週末だけやります。料理はしますが、週に一度は子どもを迎えがてら外食で済ませ、パパの夕食は、平日は作らないと決めています。しいて言うなら、乾燥機にかけない一部の洋服の干し方や、食洗機を動かすまでに食器をためる量など、ちょっとずつふたりの流儀に違いはありますが、そんな違いは許容範囲内だそうです。

パパの自活能力が高く、料理が好きというのもプラスに働いています。Dさんが平日パパの食事を作らないからといって、パパは常に外食して深夜に帰宅というわけでもなく、帰宅後に自分で食べたいものを調理して食べることもあるそうです。そんな自立した感じがふたりにとっては自然で、Dさんが「自分が作らないとダメ」とか「それなら私が作るのに」といったプレッシャーを感じるようなこともありません。妻が夫を世話するというような構図がまったくないわけです。

もしDさん夫婦が、「母は／父はこうあるべき」という古い母親像や父親像にとらわれていたら、せっかく便利家電があっても、パパの家事スキルがあっても、こうはいかないでしょう。いい「ゆるさ」があるからこそ、便利さをフル活用し、お互いが空気のように自然に家のことをシェアできているのです。

仕事の面でも工夫をしています。就業時間の関係で、朝はパパが子どもを送り、夕方のお迎えはDさんの担当ですが、週に1日だけは、Dさんが時間を気にせず働ける「残業OKデー」を作りメリハリをつけています。ちなみに「残業OKデー」と言っても必ずしも仕事をしなくてはならないわけではなく、飲みに行ってももちろんOK。その日は夕方以降の子どもの担当は料理も寝かしつけも含めすべてパパがやります。

こういう日を週1日でも確保できると仕事を進めやすく気持ちにも余白ができるのでとても重要です。Dさんは自分の仕事の状況をパパにもよく話し、仕事が好きなことも伝えているので、パパもそれを応援する好循環になっているのでしょう。

Dさんのケースでは、「パパが半年の育休を取った」こともポイントです。半年にわたって育児と家事だけの日々を過ごしたパパは、その厳しい面も肌で感じています。

今でもパパは、休日に自分が家を空けていた際は必ず、「お疲れー、ふたりきりで大変だったでしょう」という言葉とともに帰宅するそうです。Dさん自身もひとりで出かけた日はパパにそんな言葉をかけます。こういう言葉が自然にお互いから出るというのは、ふたりが同じような温度で「親」の感覚を持っていることの証しでしょう。こうした実感の共有はふたり育児の大変な強みです。

そんなパパでも、産後にDさんがワンオペ育児状態だった頃は、散らかった部屋に帰宅して「今日はなんかあったの?」と素朴に質問したこともあったそう。まだその頃には、育児で手一杯でとても家事に手がまわらない状態にリアルな想像力が働かなかったからでしょう。

パパが半年の育休を取るというのはまだまだ珍しい方ですが、産後すぐではないタイミングで育休を取得したのは、ちょうどプロジェクトの切れ目があったからだそうです。たまたまとはいえ、これは結果的にママの仕事復帰前にふたりでじっくり育児をするという絶好の準備期間になったように見えます。

さらにその後パパが転職をして、現在は裁量性の高い職場になったということも、今のふたりのスタイルの実現には大きく影響しています。Dさんは、パパが前職の多忙さのままでは今のようには回らなかっただろうと言いますから、家族の状況に合わせて、自ら働く環境を選び取るということも、「ふたりで働きふたりで育てる」というこれからのスタイルには重要な要素になってきそうです。

自分たちらしいスタイルを作るために

「昭和型」から、新しい時代の「いまどき型」まで、４つの好バランス事例を紹介しましたが、家庭と仕事の分業スタイルや家事分担の分量などは、本当にばらばらです。ベストな「型」というのはないことが確認できたと同時に、不思議と4組に共通するいくつかの大切なポイントが見えてきました。夫婦によってかかえている制約は様々ですが、これらのポイントをクリアすれば、より快適な自分たちだけの協業スタイルが見つかるはずです。

夫婦ふたりの「心の並走感」

４つの事例でおおよそ共通しているのは「パパが家庭の方を向いている」という点です。パパが家庭のことに関心を持ち、ママの話をとてもよく聞いています。

これは第3章で紹介した、職場のストレス対策としての「傾聴」を実践していると言えるでしょう。ママが「聞いてもらえている実感」があるというのは、それだけで大きなサポートになっています。

どんなに多忙で直接家事に手を出せなくても、パパは心では関心を持ち、ママの話をよく聞き家庭の情報をアップデートし続けているのが特徴的です。だからこそママは孤独感がなく「ふたりで育児をしている感じ」が持てています。このパパの関わり方が、ふたりに「心の併走感」を生み出しているのです。

たしかに産後の混乱期を乗り越えるには、パパがリアルに手を出し家事を担当してママの負担を減らすことが大切です。共働きスタイルでは特に、扶養とケアの責任をイーブンに背負うために平等な分担を目指すのは当然です。それは重要な大原則ですが、その「負担量」だけに注目すると、「心の併走感」は見落とされがちです。

ここで挙げた事例から感じられるのは、パパが実際にたずさわる育児・家事の分量だけが問題なのではなく、夫婦ふたりが、「親」になったことで生じる変化をどれだけ共有できるかが問題だということです。様々な制約や、不自由さを感じる場面の数々をともに受け入れることで、ふたりの間には確実に「心の並走感」が生まれ、「いっしょに親になっていく」という実感を持つことができるのです。

もちろんDさん夫婦のように育休でそのベースを作れたら最強ですが、育休が取れないからといってあきらめることはありません。会話や日々の関わりの中で着実にこの力を発揮し、好バランスを実現しているパパがいることを忘れないでください。

自分の役割、相手の役割への高い「納得感」

もうひとつ特徴的なのは、ふたりが置かれたそれぞれの役割に対する「納得感」の高さです。いずれのケースでも、「親」になってそれぞれの役割は相当に変化しているわけですが、自分が求める役割イメージと現実の役割に大きな「ずれ」がありません。

例えば、「本当は仕事をしたいのに専業主婦に……」とか、「もっと仕事をやりたいのに、家のことが負担になって働けない！」となると、理想と現実のイメージ差でフラストレーションをかかえてしまいますが、そうした不安定さがなく、とてもぴたりと納得できているのです。パートナーの役割に対しても、求める役割イメージと現実の差がありません。

自分が果たしている役割への「納得感」が高いと、厳しい状況に追い込まれても踏ん張りがききますし、パートナーが果たしている役割に対して「納得感」が高いと、ねぎらいや感謝の気持ちが生まれやすくなります。協力体制が取りやすくなるのは明らかでしょう。

自分自身の役割に対する「納得感」を考える上では、Bさんの事例が参考になるでしょう。夫婦間に経済的な上下関係が生じ、「ずっと働いていられたら私だって……」という思いを抱いた時、Bさんの役割イメージは「仕事をして収入を得る」に変わりました。「育児・家事専業」の現実とはギャップがあり納得感は下がります。そこで仕事を始めてギャップを埋め、納得感を取り戻したからこそ、パパとの好バランスが戻ったと言えるでしょう。

Dさん夫婦の心地よい関係も、ふたりのどちらかが「イメージしている育児・家事レベルに到達していない！」なんて高すぎる目標をかかげてしまったら、とたんに役割への納得感は下がり、バランスを失ってしまうはずです。

自分の役割イメージやパートナーに求める役割イメージと、現実の役割のギャップは、大きなフラストレーションになる割に意外と気づきにくいものです。この章で紹介した産前・産後シートや親イメージのチェックは、こうした役割への不満に気づくきっかけにもなるので、ぜひ活用してみてください。

ちなみに、役割には納得していたものの育児・家事の負荷が限界を超えてしまったAさんのケースでは、問題は役割に対する「納得感」ではありませんから、純粋に育児・家事のサポートを受けやすいエリアに転居することが解決策になったわけです。

変化を受け入れ、乗りこなす「柔軟性」

産後に直面する大激変に始まり、子どものいる生活というのは常に状況が変化し続けていくものです。乳児から幼児、そして小学生へといった成長のステージによる変化はもちろん、ふたり目、3人目と子どもの数が増えていけば、その分また新たな変化が生まれます。

このように子どもの状況が絶え間なく変わっていくことを考えれば、同じ家族のメンバーである「親」ふたりの仕事や生活だけが変わらずに固定的でいられるという方が、むしろ不自然なことだと言えます。好バランス事例には、親自身の仕事や生活に対する柔軟な舵取りが効果を発揮している例が見えます。

パパの転職で家庭の危機を乗り切ったAさん夫婦と、ママがふたたび仕事を始めたことで夫婦間のバランスを取り戻したBさん夫婦。Dさん夫婦もパパの転職が今のふたりのスタイルにつながっています。もちろん、転職となると必ずしも家庭の事情だけを考慮した結果ではなく諸条件を見据えた上での判断でしょうが、いずれにしても自分のポジションを固定的にとらえてしまっていたらできない柔軟な選択です。また、はじめから会社に規定されない働き方をしているCさん夫婦の場合は、そもそも「柔軟性」そのものという見方もできるでしょう。

とはいえ、「柔軟性」というのは言葉にすればとても響きのいいものですが、現実には、転職や再就職や転居といった「柔軟な変化」には、覚悟もエネルギーも必要です。各種コストもかかり簡単なことではないでしょう。

出産と育児で激変を余儀なくされる女性は、選択の余地なく変わらざるをえません。柔軟性を強要されているようなものですから、その必要性もそれにともなう痛みも早い段階

で気づいています。強制終了をたくさんさせられて、そこから自分で道を切り開き直すバイタリティを身につける人もたくさんいます。

それに対して、男性が家庭の変化に対して柔軟性を発揮するには、外からの強制力が弱いので、自分自身の判断力と意思にかかっています。一見「固定的」に見える会社や仕事といった呪縛から逃れることは容易ではないかもしれません。ですが、自分の意思で必要性を判断し、柔軟な行動を実行する強さを身につけることは、親として家族の変化を乗り切るために、とても重要な要素でしょう。

事例では転職のように大きな転換が目立ちましたが、柔軟な行動は、もっと小さな事からスタートできます。例えば、週に1日でいいから残業をしないで帰る。休日の付き合いは勇気をもって断る。飲み会は月1回までにする。子どもの急病で仕事を早退する。こうしたちょっとのがんばりで手の届く柔軟性を積み重ねていくことで、いつの間にか、変えられないと思っていた呪縛らしきものから解き放たれてしまうものです。

親になって半強制的に柔軟に変化するしかなかったママは、自ら柔軟な選択をしたパパのことを「あぁ、同じ『親』の地平に降りてきてくれた」ときっと感じるはずです。

なお、転職や育休のような決断には、「熟考の末いばらの道を切り開く」というような重々しいイメージがあるかもしれませんが、実際に各ご夫婦の転機になった転職や就職、育休の話を聞いてみた印象はもっと軽やかなものでした。「ちょうどタイミングがあって」「たまたま話があって」という表現からは、変化の方向性を的確に定めてアンテナをはっておき、巡ってきたチャンスを逃さずつかむ行動力が見えます。柔軟性というのはそうしたチャンスを的確にとらえる目と少しの勇気がキーになっているようです。

ふたりで変われば世界は近づく

４組の夫婦の好バランス例に出てきたスタイルや具体的な手法は、まねできそうなこともあれば、とてもまねできないと感じることもあるでしょう。夫婦によってかかえる事情や制約は様々なので、他人のやり方だけを模倣してもうまくいくとは限りません。手法は参考にして、ここから見えてきた3つのキーワード、「心の並走感」、「役割の納得感」、「柔軟性」に注目してください。

自分たちならどうやって「心の並走感」をキープするか？　今のふたりに自分の／相手への「役割の納得感」はあるか？　なければどうしたら持てるか？　それらを「柔軟性」を持ちながら模索することが自分たちのスタイルを作る手立てになるはずです。

尚、好バランス例の中でパパが育休を取っていた例はひとつだけでしたが、だからといって、「男性の育休は不要」なんてことにはならないので、念のため強調しておきます。

事例に登場したママたちも、産後すぐの時期のことを聞くと、みなさん「よくあれを乗り越えられたと思う」というレベルの疲労を抱えていました。パパが育休を取れた方がふたりの実感を共有する時間は増え、ママの物理的負担は確実に減らせます。初めてづくしで試行錯誤を繰り返すステージに、ほんの少しでも余白があった方がいいのは間違いありません。

ただ、たった今、育休なんてとても取れないパパが圧倒的に多いのが現実です。ですから「育休絶対！」を振りかざせば、多くのパパたちが「親になること」をあきらめざるをえないでしょう。これらの事例を、育休を取れないとしてもこんなふうにふたりで好バランスを作り出せる、という勇気と自信にこそして欲しいと思います。

ふたりで協業し、ふたりらしいスタイルを作っていくには衝突するしエネルギーも使います。この本で扱ったママとパパのリアルは、お互いを攻撃する武器ではありません。互いの事情を知って想像力を働かせる材料にしてください。「効率よい前向きな衝突」のガイドとして活用してもらえることを願っています。

もし今子育てまっただ中で、すでにだいぶずれてしまっていて「同時に親になりそこねたかも……」と感じているなら、これから少しずつ足並みをそろえていけばいいことです。本書で追ってきたステップの通り、まずはふたりでママの産後のリアルを重く受け止め直し（第2章）、パパが制約の中でできる一歩を踏み出し（第3章）、そして、ふたりのずれのフェーズやパターンを見つけて補正する工夫と努力（第4章、第5章）をしてみてください。

また、これからパパになる人、これからママになる人は、産後のリアルな予備知識（第2章、第3章）をつけ、育児初年度の傾向と対策をチェック（第4章、第5章）して備え、いくつもの落とし穴を回避する材料にしてください。そしてぜひ、ふたりで最初から「同時に親になる」を自分たちの力で実現して欲しいと思います。

最初はふたりとも育児の素人。ふたりとも何もわからず不安でいいのです。いっしょにスタートしていっしょに困って、ふたりとも寝不足になって、ふたりで肩こりに悩まされて、へとへとになって、お金のことを心配して……。それでも「あぁなんかこれすごいきついね」といっしょに言えることが重要です。**いっしょに大変だったことは、いつか「あの時大変だったよね」笑いながら振り返ることもできるもの。でも、ひとりで耐えた記憶はパートナーへの不信感とセットで心に焼きついてしまうかもしれません。**ふたりの子どもを育てることがそんなネガティブな記憶に包みこまれることを、パパもママも絶対に望んでいないはずです。

産後の大激変の中で、パパもママも変わらなければ、「ふたりで親」という実感は簡単には得られません。でも、小さな一歩でも本気で踏み出せばお互いの「親」としての温度は近づき、子どもと過ごす世界がぐんと面白く見えてくるはずです。

ふたりだけの生活に、「小さな家族」が増えたとき、何を思ったでしょうか？
その小さな存在がとてつもなく大きくて、大切で。
あぁ、これからたくさんの楽しいことをいっしょにしようね……。
その瞬間の思いはきっとふたりとも同じはずです。

「ふたりで笑っていっしょに楽しく育児をしたい」そんなシンプルでまっすぐな気持ちを、どんなに衝突しても、時々思い出してみてください。子どもにとってはどちらも同じ「大好きな親」なのですから。

おわりに

〈ママの皆さん〉

この本を読んで、もしかすると「こんな優しすぎるアプローチでは夫は動かない！甘い！」と思った人もいるかもしれません。でも、どんなに正しい主張でも、今のパパの現状に対して壁が高すぎて、耳をふさぎたくなってしまうようでは何も始まらないと思うのです。パパが最初の小さい一歩だけでもいいから、とにかくまずはこちら側に踏み出してきて欲しい。そういう思いでこの本を書きました。

妊娠、出産、育児に関して女性が引き受けている負担は明らかに重く、ママが調整弁となって軌道修正した人生の分量は相当なものです。疲労も強く、パパに厳しいことを言いたくなるのは１００％理解できます。でも、環境の違いすぎるパパには、大激変の真っ只中にいるママの言葉の意図が本当に「よくわからない」だけなのかもしれません。

パパにとって逃げ場のない攻撃になりがちな時というのは、実はママ自身もかなり苦しんでいるものです。ふたりがそんな負のループから抜け出すための手段にこの本を使ってください。自分では直接言いづらいことや、言葉で表現しづらかったことが、もしこの本に出てきたなら、線をたくさん引いてふせんをフサフサにつけてパパにそっと渡してみてくださいい。そんな使い方をしてくれたらうれしいです。

そしてもうひとつ。もしかしたらママ自身がとらわれている親イメージから自由になってこだわりをすてなければいけない局面かもしれない、ということもぜひ考えてみてください。多くのパパ達が「結局ママが手放さない」「やり直される」と感じていることをもう少し深刻に受け止めるべき時なのかもしれません。

もう、一時代前の「夫を教育する」なんて相手を馬鹿にするようなことを言うのはやめにしましょう。夫婦で協業するというのは、本気で相手を信用して自分から手放し、相手に任せることだということを、ちょっとだけ意識してみてください。必要なのは、抱え込む根性ではなく、手放す勇気です。

「ママが我慢をする」のは違います。自分がつぶれる前に、「助けて」とシンプルに伝えてみてください。ママはもっと「自分ひとりでは無理」と素直に認めていいはずです。

〈パパの皆さん〉

この本を読んでいる人の中には、妻に言われてしかたなく読んでいる人も、途中で嫌になってしまった人もいるかもしれません。それでも最後まで読んでくれたなら、その前向きな気持ちはきっとママに伝わります。もしこの本を読んで、「こんなこと当たり前だしとっくに知ってる、物足りなかった」という人がいるとしたら、この本のレベルは既に卒業しているということです。そんなパパが増えることを望んでいます。

確かに今の日本の状況で仕事も育児もやろうとするのは壁だらけです。それはすでに大勢の働くママ達が本気で壁にぶつかりまくって証明しています。女性であれ男性であれ、古い子育てイメージや古い仕事イメージのまま、引き算せずにすべてを完璧にこなそうとしたら間違いなく体も心も壊れてしまうでしょう。だから、同じところに放り込まれたら「パパの産後うつ」だって起きるのはむしろ当たり前です。そんな同じ道に進まないよう、そこはむしろ女性の経験から学んでください。

でも、今の状況が厳しいからといって「仕方ない」で何もしないのでは思考停止です。それではダメだと思うのです。今より「ほんのちょっとだけ」自分も変わるという本気を出してください。

人によってスタート地点も制約も違いすぎるので、「小さな一歩」の内容はもちろん様々です。なにもいきなり育休を半年取れと言っているのではありません。「小さな一歩」は、日々の会話の言葉の選び方から始められます。パパたちに時間がないのは知っています。でも、ママの話を関心を持って聞く時間が本当にないのか？　ネットで日用品の買い物をする時間すらないのか？　毎日ほんの5分トイレ掃除をする時間がないのか？1週間に一度でも残業なしで弁当をぶら下げて帰り家事を担えないか？　どうか、本気で考えてみてください。

育休も、盲目的に取れとは言いません。でも、会社や社会がお膳立てをして育休を「取らせてくれる」のをおとなしく待つなんて情けないことはやめてください。ママの現状を本気で直視して、必要なのかどうか自分の頭で考えて判断して欲しいと思います。危機感を持ち本気で取りたいのに不当な扱いを受けてどうしても「取れない」のか、ただなんとなく「取れそうもない」のか、そこは大きな違いです。

パパだって大変です。仕事は甘くないし必死なのはわかります。でも、女性がどれだけ調整弁となり、自分の人生を軌道修正して大激変の1年目を過ごしているかを知ったら、「俺は仕事担当だから」と割り切れない重みを感じないでしょうか？「俺だって仕事でどれだけ苦しんでいるか……」と思うなら、反発するのではなく、お互いそのつらさを心でねぎらい合うくらいのこと、してもいいはずです。

ママも、パパの大変さがわかっているからこそ「もう無理」の簡単なひとことのヘルプが言えないでいることも知っておいてください。それでも結局自分では抱え込めなくて疲労をあふれさせ、イライラの塊を吐き出してしまうのです。「面倒なイライラ」から逃げるのではなく、「なんて不器用なんだ！」と救い出してあげて欲しいのです。

家の中で産後の大激変をママが独りで背負い、あとは社会環境のせいにするというのはもうやめにしましょう。社会環境が整うのを待っていたら子どもは大人になりママは疲弊してつぶれてしまいます。まず今少しでも関わるべきなのは子どもの親であるパパのはずです。

子どもを家庭外に預けられる仕組みや、男性が家庭のための時間を確保する仕組みが必要なのは、「女性が働くため」ではありません。「現代の育児が女性ひとりではマネージできない時間的、身体的、精神的、社会的負担だからこそ」必要なのです。そこにママは自信を持って無理だと白旗を挙げ、パパは本気で危機感を持ってください。それが、ふたりで親になることの大切なスタートになります。

どちらか一方だけが耐えるとか、どちらか一方だけが変わるのではなく、両方が変わることでしか「ふたりで同時に親になる」チャンスはありません。せっかく好きでいっしょになったふたりに子どもが生まれ、ふたりで親になったのです。その変化の波と負担をむしろ積極的に受け入れ乗りこなしてください。子どものいる生活は、けっして不自由さに満たされただけの世界ではなく、見えなかったことが見え知らなかったことを知る新しい面白みに満ちた世界です。

ぜひ、パパもママも、ちょっとずつ新しい視点を持って、小さな一歩から、できることを試してみましょう。事態はちょっとずつしか変化しませんが、それでいいから少しずつ。

今よりも少しだけふたりが快適になることを目指して!!

最後になりましたが、本書を完成させるには、多くの方々の協力を得ました。本文には登場しませんでしたが、早稲田大学文学学術院文化構想学部の山西優二教授にはワークショップの最初のひらめきときっかけをいただきました。社会学の立場から助言とヒントをくださった早稲田大学の大久保孝治教授、産前産後の女性の身体について教えてくださった文京学院大学の市川香織准教授、産業ストレスについて心理学のアプローチを解説してくださった筑波大学の大塚泰正准教授、皆様に深くお礼申し上げます。

また、ワークショップやオンラインでつながり生の声を聞かせてくれたみなさん、育児や仕事で忙しい中、個別のインタビューに快く応じてくれたママたち、パパたちに深く感謝しています。お聞きしたのは夫婦の話で子どもの話はしませんでしたが、試行錯誤するママたち、パパたちのベースには、必ず皆さんが子どもを大切に思う気持ちが流れているのを感じ、じんわりとあたたかい気持ちになりました。

また、まるはまさんの的確でくすりと笑いたくなるイラストと、園木彩さんのやわらかいデザインが本文に大きな力をくれました。おかげで明るい気持ちで手に取れる本に仕上がったことをとてもうれしく思います。ご自身も2児のパパである編集者の古川聡彦さんには、重く強くなりがちな内容を「パパが嫌にならずに読める」よう、編集者とパパ両方の視点で導いてもらいました。本を書かないかと話をもらって私が覚悟を決めてから今まで、あたたかく見守っていただいたことに感謝します。

そして、日々布団でパソコンを開いたまま眠りこむ母をあきれずに見守ってくれた息子と、仕事とのバランスに焦る妻に辛抱強く耐えてくれた夫に、「ありがとう」を伝えたいと思います。

参考資料

『産後クライシス』内田明香・坪井健人（ポプラ新書）
『産後うつ病早期発見・対応マニュアル　保健医療従事者のために』（長野県精神保険福祉協議会）
『研修医のための必修知識／日本産科婦人科学会雑誌』（日本産婦人科学会）
『ストレスと健康の心理学　／朝倉心理学講座19』小杉正太郎（朝倉書店）
『男がつらいよ 絶望の時代の希望の男性学』田中俊之（ＫＡＤＯＫＡＷＡ）
『ルポ 父親たちの葛藤 仕事と家庭の両立は夢なのか』おおたとしまさ（ＰＨＰビジネス新書）
『男らしさの社会学　揺らぐ男のライフコース』多賀太（世界思想社）
『男の育児・女の育児　家族社会学からのアプローチ』大和礼子・斧出節子・木脇奈智子（昭和堂）

狩野さやか

早稲田大学卒。株式会社Studio947のデザイナーとしてウェブやアプリの制作に携わる一方、2015年から「patomato〜ふたりは同時に親になる」を運営し、産後の夫婦の協業をテーマとしたワークショップにも取り組んでいる。また、「MAMApicks」などのウェブメディアで子育て分野を中心にコラムを執筆するなど、新しい時代の夫婦のあり方について、リアルな場とウェブの両面から積極的に発信している。

ふたりは同時に親になる

2017年12月15日 初版第1刷発行
2018年 7 月 8 日 初版第2刷発行

著　者　狩野さやか

発行者　古川聡彦
発行所　株式会社猿江商會
〒135-0003
東京都江東区猿江 2-1-7-403
TEL：03-6659-4946
FAX：03-6659-4976
info@saruebooks.com

装丁・本文デザイン　園木彩
イラスト　まるはま
印刷・製本　壮光舎印刷株式会社

ISBN978-4-908260-08-7 C0036 Printed in Japan